Robert Logan / Carl George

Das Geheimnis der Gemeinde-leitung

C & P Verlag, Wiesbaden

Hinweis für Pastoren und Leiter in Gemeinden:
Sie werden den größten Gewinn aus diesem Handbuch ziehen, wenn Sie es nicht für sich allein, sondern gemeinsam mit möglichst vielen leitenden Mitarbeitern Ihrer Gemeinde durcharbeiten (Älteste, Gemeindevorsteher, Bereichsleiter, Projektleiter etc.). Um Gemeinden in diesem Prozeß zu unterstützen, sind für Gruppenbestellungen erhebliche Rabatte erhältlich (siehe Seiten 160 und 163).

Titel der amerikanischen Originalausgabe:
Leading & Managing Your Church

Published by the Fleming H. Revell Company, Old Tappan, New Jersey 07675, USA

Tel. 0611-8110934 FAX 0611-8110928

ISBN 3-928093-23-1

Übersetzung: Ines Heyne
Bearbeitung für den deutschen Sprachraum:
Roland Kurth / Kai S. Scheunemann / Christian A. Schwarz

Titelgestaltung: Büro für Kommunikations-Design, Heidenreich, Mainz
Satz: Knipp, Satz und Bild digital, Dortmund
Druck: DD+V, Dresden

Inhalt

Anhang

Was Sie von diesem Buch erwarten können

Was ist das Geheimnis einer wachsenden Gemeinde? Manche „Experten" meinen, diese Frage mit einer handlichen Formel beantworten zu können: „Das Gebet", sagen sie. Oder: „Ein lebendiger Gottesdienst." Oder: „Die richtigen Strukturen." Oder: „Ein bedürfnisorientierter Ansatz." Oder aber: „Ein zielorientierter Pastor." Und sie fügen noch hinzu: „Wenn du in deiner Arbeit auf diesen Punkt achtest, dann wird deine Gemeinde wachsen."

Ich behaupte: Diese Antworten sind schlicht falsch. Sie werden der komplexen Realität in unseren Gemeinden nicht gerecht. Unsere Einblicke in zahlreiche Gemeinden Deutschlands, Österreichs und der Schweiz deuten darauf hin, daß sich das Geheimnis des Gemeindeaufbaus gar nicht in einem einzigen Satz einfangen läßt. So dankbar in manchen Kreisen solche „Instant-Rezepte" auch aufgegriffen werden – sie funktionieren einfach nicht!

Dennoch ist an diesen Antworten ein Körnchen Wahrheit dran. *Ohne* Gebet, *ohne* einen lebendigen Gottesdienst, *ohne* zweckmäßige Strukturen, *ohne* den bedürfnisorientierten Ansatz und *ohne* einen zielorientierten Pastor wird keine Gemeinde gedeihen können. Mit anderen Worten: Jeder einzelne dieser Faktoren beschreibt zwar noch nicht das Geheimnis des Gemeindeaufbaus; fällt aber auch nur *einer* aus, wird die Gemeinde mit Sicherheit nicht wachsen. Auf das Zusammenspiel *aller* Faktoren kommt es an!

Die acht Basisprinzipien

Diese Vermutung konnte mittlerweile durch zahlreiche Untersuchungen erhärtet werden. Bei der Analyse von mehr als 300 Gemeinden in Deutschland, Österreich und der Schweiz fanden wir heraus, daß es zumindest acht Kennzeichen sind, die in einer wachsenden Gemeinde nachweislich stärker entwickelt sind als in stagnierenden und schrumpfenden Gemeinden:

1. Zielorientierter Pastor

2. Gabenorientierte Mitarbeiterschaft

3. Leidenschaftliche Spiritualität

4. Zweckmäßige Strukturen

5. Inspirierender Gottesdienst

6. Ganzheitliche Kleingruppen

7. Bedürfnisorientierte Evangelisation

8. Hoher „Liebesquotient"

Wir nennen diese Faktoren die „acht Basisprinzipien" einer wachsenden Gemeinde. Es läßt sich mittlerweile empirisch nachweisen: Wo *alle acht* Prinzipien qualitativ stark entwickelt sind, ist die Wahrscheinlichkeit sehr groß, daß die Gemeinde auch quantitativ wachsen wird!

Die gemeindekybernetische Strategie

In der Reihe „Kirche für morgen" haben wir uns zum Ziel gesetzt, mittelfristig für jedes einzelne dieser acht Basisprinzipien aufeinander bezogene und miteinander „kompatible" Arbeitsmaterialien herauszugeben. Einige dieser Materialien liegen schon vor, andere sind in Vorbereitung. Alle diese Materialien basieren auf der gemeindekybernetischen Strategie, die in dem Buch „Der Gemeindetest" (C & P Verlag) ausführlich beschrieben wird. Bei der gemeindekybernetischen Strategie geht es darum, die Prinzipien, mit denen *Gott selbst* seine Gemeinde baut, in der praktischen Arbeit möglichst stark zur Geltung zu bringen – anstatt zu versuchen, mit Druck, menschlichem Kraftaufwand, Manipulation und Appellen an das schlechte Gewissen den Gemeindeaufbau selbst „machen" zu wollen.

Das Geheimnis der Gemeindeleitung ist den ersten beiden der acht Basisprinzipien zugeordnet: „Zielorientierter Pastor" und „Gabenorientierte Mitarbeiterschaft". Es wendet sich keineswegs nur an Pastoren und Hauptamtliche, sondern an alle, die in der Gemeinde *leitende* Verantwortung tragen: Gemeindevorsteher, Älteste, Bereichsleiter, Projektleiter. Auch wenn die meisten Beispiele in diesem Buch der Lebenswelt des Pastors entnommen sind – die Prinzipien gelten in gleicher Weise auch für ehrenamtliche Leiter in der Gemeinde. Wenn Sie auf Punkte stoßen, die in Ihrem Arbeitsbereich weniger Relevanz haben, dann überschlagen Sie einfach die entsprechenden Seiten. Konzentrieren Sie sich auf die Prinzipien, die in Ihrer Situation von besonderer Bedeutung sind.

Der Hintergrund der Autoren

Ich kenne niemanden, der kompetenter wäre, über dieses Thema zu schreiben, als Bob Logan und Carl George. Beide sind keine weltfremden „Schreibtischtäter", sondern Männer der Praxis. Ihre Erkenntnisse sind nicht nur vom Erfahrungshintergrund ihrer eigenen Gemeinden geprägt, sondern haben sich in ihrer internationalen Schulungs- und Beratungstätigkeit bewährt. Diese Arbeit brachte sie mit Hunderten von Gemeinden verschiedenartigster Prägung zusammen. Mit den Prinzipien, die sie lehren, haben sie in den unterschiedlichsten Situationen positive Erfahrungen gemacht. Das ist es, was ihr Buch so glaubwürdig und hilfreich macht.

Carl George ist seit 1978 Direktor des „Charles E. Fuller Institute of Evangelism and Church Growth" in Pasadena/USA, dem Zentrum der weltweiten Gemeindewachstums-Bewegung. Ich möchte behaupten, daß er einer der begabtesten Gemeindeberater ist, denen ich je begegnet bin. Als ich ihn zum ersten Mal traf, hatte ich mir 15 ganz konkrete Fragen aufgeschrieben, auf die ich, so intensiv ich mich auch bemühte, keine Antwort wußte. In unserem Gespräch nun gab mir Carl George auf keine einzige Frage eine fertige Antwort. Vielmehr stellte er mir seinerseits gezielte Rückfragen. Und siehe da: Am Ende unseres Gesprächs waren auf einmal alle Fragen beantwortet – ich hatte die Antworten *selbst* gefunden! Das ist es, was einen guten Berater ausmacht!

Dr. Robert Logan hat das, wovon er schreibt, aus der Sicht eines Pastors durchlebt. Die Gemeinde, die er selbst vor 15 Jahren gründete, wuchs innerhalb dieser Zeit auf mehr als 2.000 Mitglieder, die sich in fünf Gottesdiensten versammeln und bis heute neun weitere Gemeinden gegründet haben. Seit kurzem ist er aus seinen Pflichten als Gemeindepastor ausgestiegen, um sich ganz dem Dienst der Gemeindeberatung zu widmen.

Wenn Bob Logan heute durch die halbe Welt reist, dann ist sein Vortragsstil so einfach und nüchtern, daß diejenigen, die seine Seminare besuchen, sagen: *Wenn der das kann, dann kann es jeder!* Vielleicht ist diese Tatsache sogar das eigentlich Revolutionäre dieses Buches: Hier redet nicht der überbegabte „Guru" über höhere Sphären, die kaum einer von uns „Normalsterblichen" nachvollziehen kann. Hier redet vielmehr ein Mann, der um seine Gaben und Grenzen weiß, von den Prinzipien, die ihm Gott in einem mühsamen Lernprozeß beigebracht hat.

Gemeindeleitung wird hier nicht als ein unergründliches Mysterium verstanden, das nur den wenigen Begabten zugänglich ist. Die Fertigkeiten, um die es hier geht, werden vielmehr als ein „Handwerk" beschrieben, das durchaus lehr- und lernbar ist. Dieses Buch wird sowohl denen helfen, denen Gott die geistliche Gabe der Leitung gegeben hat, als auch denen, die in leitender Verantwortung stehen, ohne eine stark ausgeprägte Leitungsgabe zu haben.

Es kommt auf die Umsetzung an

Weil wir das, was uns Bob Logan und Carl George zu sagen haben, für eine geradezu klassische Zusammenfassung dessen halten, worum es bei der Gemeindeleitung geht, haben wir uns entschlossen, das Material in der Reihe „Kirche für morgen" als weiteren Baustein der gemeindekybernetischen Strategie zu veröffentlichen. Zu diesem Zweck haben wir das ursprünglich amerikanische Material in Absprache mit den Autoren für die deutschsprachige Situation bearbeitet.

Wie auch die anderen Bücher der Reihe „Kirche für morgen" haben wir *Das Geheimnis der Gemeindeleitung* bewußt als Arbeitsbuch angelegt. Hinter jedem Abschnitt finden Sie konkrete Fragen und Aufgaben. Dieser Teil soll Ihnen helfen, die Prinzipien, die die Autoren vermitteln, auf Ihre eigene Situation zu beziehen. Denn ohne daß es zu diesem Schritt kommt, bleiben die schönsten Konzepte graue Theorie. Wer sich indessen dieser Aufgabe stellt, wird erleben, wie jedes einzelne Prinzip Leben und Farbe gewinnt. Dies gilt um so mehr, wenn sich nicht nur der Pastor oder einzelne Leiter, sondern das gesamte Leitungsteam einer Gemeinde mit dem Material beschäftigen. So kann aus diesem Buch ein regelrechtes „Leiterschaftstraining" werden, von dem die ganze Gemeinde profitieren wird (auf den Seiten 160 und 163 finden Sie Informationen über Staffelpreise für Gruppen).

Es gibt nicht *den* Standardplan für den Gemeindeaufbau. Jede Gemeinde muß ihren eigenen Weg finden. Wohl aber gibt es allgemeingültige *Prinzipien*. Diese Prinzipien müssen dann jeweils neu auf die unterschiedlichsten Situationen bezogen werden. Bob Logan und Carl George beschreiben die *Prinzipien* – die *Umsetzung* jedoch ist nicht ihre, sondern unsere Sache.

Hamburg, im Oktober 1991

Christian A. Schwarz
Ökumenisches Gemeinde-Institut

Anmerkung der Herausgeber: Dieses Buch ist ein Teamwork von Bob Logan und Carl George. Wenn im Text das Wort „ich" fällt, handelt es sich immer um das „Autoren-Ich" von Bob Logan, von dem auch die meisten Beispiele stammen. Dennoch sind beide Autoren für den gesamten Text verantwortlich.

Kapitel 1:

Der Pastor als Leiter

Was ist das Geheimnis der Gemeindeleitung? Und welche Rolle spielt dabei der Pastor? Die meisten Pastoren sind für „Verkündigung" und „Seelsorge" ausgebildet worden – Fertigkeiten in den Bereichen „Leiterschaft" und „Management" müssen sie sich in der Regel anderweitig aneignen.

Die drei Rollen des Pastors

Ein Pastor steht vor einer ungewöhnlichen Aufgabe – in der Regel muß er in seiner Person drei Rollen auf einmal verkörpern:

Die erste ist die des *Predigers*. Die gesamte Pastorenausbildung konzentriert sich auf diesen Bereich – und das mit gutem Grund: Die Möglichkeiten, die einem Pastor durch die Kanzel verliehen sind, sollten nicht unterschätzt werden. Die Predigt kann ein ausgesprochen wirksames Werkzeug für die Vermittlung von Visionen sein. Das gilt besonders dann, wenn der Pastor auf diesem Gebiet eine besondere Begabung hat.

Seiner zweiten Rolle – der des *Seelsorgers* – wurde in den letzten zwanzig Jahren verstärkt Aufmerksamkeit gewidmet. Durch ein breitgefächertes Angebot an Kursen für Seelsorge und Pastoralpsychologie sind viele Pastoren auf diesem Gebiet inzwischen gut ausgebildet. Selten wird man einem Pastor begegnen, dem es nicht in mehr oder weniger starkem Maße am Herzen liegt, mit Gemeindegliedern über ihre persönliche Entwicklung und ihr geistliches Wachstum zu sprechen.

In manchen Gemeinden beschränkt sich der Pastor auf diese beiden Rollen. Er steht seinen Schäfchen zur Verfügung und wartet darauf, daß diese zu ihm kommen, um sie betreuen zu können. Daraufhin bekommen sie dann ihre Streicheleinheiten und gehen glücklich von dannen. Ein Großteil der Gemeinden sind solche „Kuschelkirchen". Gewöhnlich beläuft sich die Zahl ihrer wöchentlichen Gottesdienstbesucher auf 75 oder weniger, wobei die meisten Besucher eine relativ herzliche Beziehung zu ihrem Pastor pflegen. Die Mitglieder dieser Gemeinden erhalten Nahrung für Geist und Seele. Diese Nahrung reicht vielleicht nicht aus, sie zu den Menschen werden zu lassen, die Gott aus ihnen machen will, aber es ist doch genug, um sie fröhlich auf die Wiederkunft des Großen Hirten warten zu lassen.

Leiterschaft ist lernbar

Für die dritte Rolle, die des *Leiters*, haben die Pastoren bisher am wenigsten Schulung erhalten. Sie bekennen, daß diese Rolle zwar einen großen Teil ihrer Arbeitszeit in Anspruch nimmt, sie sich aber gleichwohl für diesen Bereich am wenigsten ausgerüstet fühlen. Deshalb ist es das Anliegen dieses Buches, diese Lücke zu füllen.

Wir gehen davon aus, daß die Rolle des Leiters nicht an bestimmte Persönlichkeitsmerkmale gebunden ist, die den einen gegeben sind, den anderen nicht. Sie setzt sich vielmehr aus präzise formulierbaren Fähigkeiten zusammen, *die sich jeder aneignen kann*. Menschen, denen Gott die geistliche Gabe der Leitung gegeben hat, arbeiten auf diesem Gebiet mit oder ohne Schulung erstaunlich effektiv. Aber auch diejenigen, deren Leitungsgabe weniger stark entwickelt ist, können durch Schulung in den Bereichen „Leitung" und „Management" ihre Fähigkeiten steigern.

Ihre Gedanken:

- Wieviel Prozent der Arbeitszeit widmen Sie sich (bzw. widmet sich Ihr Pastor) im Durchschnitt den drei Aufgabenbereichen „Predigt", „Seelsorge" und „Leitung"?

Predigt: ca. _____ % Seelsorge: ca. _____ % Leitung: ca. _____ %

● In welchem der drei Bereiche fühlen Sie sich (bzw. fühlt sich Ihr Pastor) am kompetentesten, in welchem am wenigsten kompetent?

Am kompetentesten: ______________________

Am wenigsten kompetent: ______________________

Das Geheimnis von Leiterschaft

Wo immer wir mit Gemeinden zu tun haben, können wir folgendes feststellen: Dort, wo ein Pastor seine Aufgabe primär darin sieht, die Arbeit selber zu tun, anstatt andere zum Dienst anzuleiten, ist das Wachstumspotential der Gemeinde äußerst begrenzt. Unter solchen Bedingungen wird die Gemeinde kaum über hundert Gottesdienstbesucher hinaus wachsen.

In dem Maße jedoch, wie sich der Pastor darauf konzentriert, ehrenamtliche Mitarbeiter zum Dienst anzuleiten, steigt das Wachstumspotential, da nun die Ressourcen der ganzen Gemeinde für den Dienst freigesetzt werden. Konzentriert er sich darauf, Menschen zum Dienst zu befähigen, so wird er erleben, daß mehr und mehr Christen in Leitungsaufgaben hineinwachsen. Ein „Schneeballeffekt" entsteht.

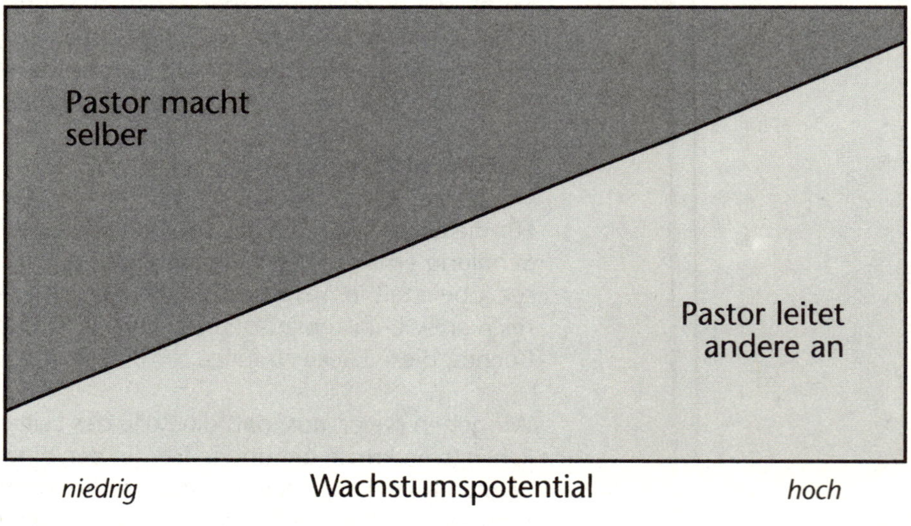

Abb. 1: Je stärker der Pastor seine Aufgabe in der Anleitung der Mitarbeiter sieht, desto größer ist das Wachstumspotential der Gemeinde

Dieses Prinzip bestätigt die von Jesus aufgestellte Regel, daß „dem, der hat, gegeben wird, ... wer aber nicht hat, dem wird auch das, was er hat, genommen werden" (Mt. 25,29). Menschen stoßen zu der kleinen Herde eines Hirten, der seinen Schwerpunkt in den Bereichen „Verkündigung" und „Seelsorge" sieht, und werden eine Zeitlang versorgt. Aber irgendwann stellen sie fest, daß der Hirte nicht genügend zu ihrer Entfaltung und Weiterentwicklung beiträgt. Wenn sie eine solche geistgewirkte Unzufriedenheit verspüren, werden sich einige zu anderen – meist größeren – Gemeinden hingezogen fühlen, wo die Möglichkeiten, sich weiterzuentwickeln, für sie größer sind: „... das, was er hat, wird ihm genommen werden."

Derjenige Pastor, der seinen Schwerpunkt in der Leitung sieht und sich darauf konzentriert, seine Mitarbeiter zum Dienst freizusetzen, erntet auf diese Weise häufig die Früchte von Pastoren, die lieber alles selber machen.

Der Leitungsprozeß

Effektive Leitung umfaßt drei Elemente:

- Zielsetzung
- Zielaneignung
- Zurüstung der Mitarbeiter zum Dienst.

Nur wenn die Gemeindeglieder die vom Leiter gesetzten Ziele auch selbst erreichen wollen (Schritt 2), können sie den letzten Schritt innerhalb des Prozesses vollziehen.

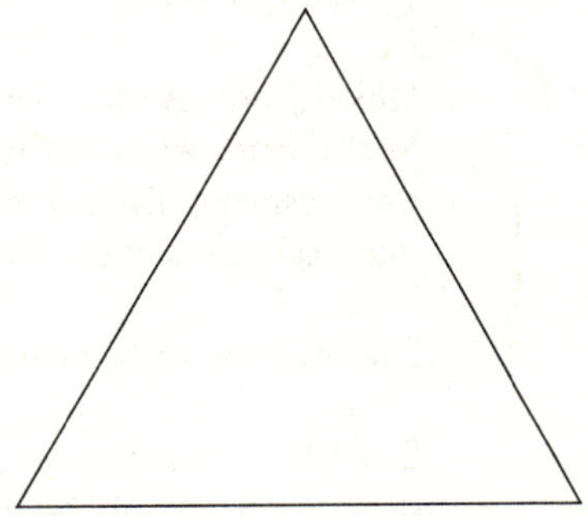

Abb. 2: Die drei Elemente des Leitungsprozesses

Leider mißverstehen viele junge Pastoren das „Modell der Zurüstung" gründlich. Oft weigern sie sich, die Aufgaben zu übernehmen, von denen sie denken, daß sie von Gemeindegliedern getan werden sollten, und beschränken ihre Arbeit auf die klassisch „pastoralen Bereiche": Predigt, Lehre etc. Das aber ist mit diesem Modell gerade nicht gemeint. Ein Pastor ist nicht nur für die Lehre, sondern auch für die Leitung einer Gemeinde verantwortlich – und das bedeutet oft: Ärmel hochkrempeln und eine Vorbildfunktion einnehmen. Wer seine Mitarbeiter wirklich zum Dienst zurüsten will, geht der Gemeinde voran und zeigt ihr, wie die Dienste, die die Gemeindeglieder später eigenständig übernehmen, ausgeführt werden sollten.

„Zurüstung" umfaßt weitaus mehr, als Gemeindegliedern, die bereit sind, sich einer Schulung zu unterziehen, einige theoretische Kenntnisse zu vermitteln. Effektive Zurüstung erfolgt dort, wo auf die spezifischen Gaben der Mitarbeiter eingegangen und ihnen geholfen wird, ihre Berufung zu finden und ihr gemäß zu leben.

Eine folgenschwere Begegnung

Eine Begebenheit aus Carl Georges Leben kann illustrieren, welche tiefgreifenden Auswirkungen es hat, wenn Menschen ihre Gaben prüfen und versuchen, darin ihre Berufung zu erkennen. Es begann damit, daß Carl einen Mann traf, der einen außergewöhnlich großen Glauben hatte.

1977 war Paul Okken, ein Pioniermissionar im afrikanischen Ruanda, aus gesundheitlichen Gründen in die USA zurückgekehrt. Während der letzten fünf Jahre seines Dienstes waren sechzig neue Gemeinden gegründet worden, eine Zahl, die bis 1980 auf achtzig anstieg. Als Carl sich mit diesem außergewöhnlichen Mann unterhielt, wußte er noch nicht, daß dessen Geschichte seine beruflichen Pläne gründlich verändern sollte!

„Wie hat Gott dich in das Gebiet geführt, in dem du diese bemerkenswerte Ernte einholen konntest?" fragte Carl. Okken berichtete, daß er eines Tages durch ein riesiges Gebiet fuhr, das von vielen Stammesangehörigen bewohnt war. Er fühlte als Evangelist eine Last für all die Menschen, die in diesem Tal verstreut lebten. Mit einem tiefen Seufzen betete er: „Oh, Gott, was soll nur aus all diesen lieben, verlorenen Menschen werden?" Völlig unerwartet hörte er aus der Richtung seines leeren Beifahrersitzes eine Stimme: „Bitte mich für sie."

Okken, der es nicht gewöhnt war, solche Stimmen zu hören, überging die Sache und setzte seine Fahrt fort. An einer der nächsten Kurven konnte er das gesamte Tal überschauen. Erneut zwang sich ihm die Frage auf: „Herr, was soll aus diesen Menschen werden?"

Die Stimme antwortete erneut: „Bitte mich für sie."

Der Missionar betete: „Gott, laß mich die Seelen dieser Menschen für Jesus gewinnen." Paul Okken glaubte zwar an übernatürliche Dinge, aber er war weder Pfingstler noch Charismatiker. Er beschloß, diese „spezielle Offenbarung" einer Prüfung zu unterziehen. „Gott, wenn das wirklich ein Eindruck von dir ist, dann laß mich jetzt hinuntergehen und predigen – wenn sich ein Mensch bekehrt, werde ich das als deine Führung betrachten und längere Zeit dort bleiben, um zu predigen."

Nach dieser ersten Predigt übergaben *elf* Erwachsene, die das Evangelium zum ersten Mal gehört hatten, ihr Leben Jesus! Damit begann eine große Ernte.

Das Erfolgsgeheimnis in Ruanda

Der Heilige Geist gebrauchte diesen einen Missionar und seine Nachfolger dazu, achtzig Gemeinden zu gründen. Diese Leiter entwickelten ihre Methode aus einem sehr einfachen neutestamentlichen Prinzip: das Bild von Gemeinde als Leib mit unterschiedlichen Gliedern. Überall wo jemand zum Glauben kam, ging der Missionar davon aus, daß Gott hier einen neuen Leib von Gläubigen schaffen möchte. Bei der ersten Bekehrung konnten die Missionare noch nicht wissen, ob sie gerade einen „Arm" oder ein „Bein" entdeckt hatten. So fuhren sie fort zu evangelisieren, bis die Gruppe der Christen groß genug war, um die unterschiedlichen Funktionen eines Leibes wahrnehmen und somit eine lebensfähige Gemeinde bilden zu können.

Ein mit der Gabe der Organisation ausgestatteter „Detektiv" begleitete die Teams und half jeder Gemeinde, eine Person ausfindig zu machen, der Gott die Gabe des Hirtendienstes gegeben hatte: der zukünftige Pastor. Das Team arbeitete so lange, bis sich ein Mensch bekehrte, dem Gott diese Gabe gegeben hatte.

Carl hörte dem Bericht aufmerksam zu – und mit dem Missionar verließ ihn dann auch sein innerer Friede.

Was hat Gott vor?

Die nächsten sechs Wochen waren eine einzige Qual für ihn, obwohl er nicht ausmachen konnte, was in ihm diese innere Unruhe verursachte. Wie konnten die Berichte des alten Missionars ihm solches Unbehagen bereiten?

Als er eines Nachts in seinem Zimmer auf und ab ging, fragte ihn seine Frau Grace, was mit ihm los sei. „Dies ist nun schon die fünfte Nacht, in der du durcheinander zu sein scheinst."

„Ich glaube, ich *bin* durcheinander – und ich glaube, daß Gott mir etwas sagen will."

„Was?"

„Ich weiß es nicht. Wenn ich es wüßte, würde ich sicherlich nicht so umherwandern. Ich komme mir vor wie ein tauber Diener, dessen Aufmerksamkeit man nur durch Schläge auf den Hinterkopf erlangen kann. Jedenfalls hat Gott mir diesmal allen Frieden genommen."

Carl machte eine persönliche Bestandsaufnahme und fragte sich: „Hat der Teufel mich irgendwo in die Falle gelockt?" Nein, er hatte ihm immer widerstanden. „Habe ich den richtigen Lebensstil?" Aber Carl hatte während dieser Zeit alle Bereiche der persönlichen Heiligung in erstaunlichem Maße unter Kontrolle. Obwohl Gott ihm keine bewußte Sünde zeigte, konnte Carl keinen inneren Frieden finden. Er fragte sich sogar: „Bekomme ich vielleicht einfach nicht genügend Schlaf?" Aber es ließen sich keine Gründe für seine Unruhe finden.

Dann stellte Grace ihm die entscheidende Frage: „Was würdest du tun, wenn es um nichts anderes ginge, als die Gaben einzusetzen, die Gott dir gegeben hat?"

Ohne langes Nachdenken platzte es aus Carl heraus: „Dann würde ich mich auf Gemeindeanalysen spezialisieren. Ich würde Gemeindeberater werden."

„Ich glaube auch, daß das ein Beruf ist, der im Einklang mit deinen Gaben steht", sagte Grace, die seit 15 Jahren mit Carl verheiratet war, ihn beobachtet und seine einseitig-analytische Begabung wiederholt am eigenen Leib erfahren hatte. Eines Morgens hatte ihre kleine Tochter die Milch über den Tisch verschüttet, und Grace hatte beobachtet, wie ihr Mann nur dasaß und in Gedanken die Geschwindigkeit und das Volumen des Milchflusses berechnete. Er war von seiner Analyse derartig gefesselt, daß er sich erst bewegte, als Grace rief: „Paß auf! Sie läuft gleich auf deinen Anzug."

In dem Moment, als er die Frage seiner Frau beantwortete, wurde ihm klar: Gott wollte, daß er Gemeindeberater würde. Mit dieser Erkenntnis kehrte auch sein innerer Friede zurück.

Ein neuer Auftrag

Daraufhin fragten Carl und Grace Gott, was als nächstes zu tun sei, erhielten aber keine klare Anweisung. Als sie an diesem Abend niederknieten, um sich Gott neu hinzugeben, wußten sie nicht, was der nächste Schritt sein würde. Aber sie gelobten, daß sie bereit seien, diesen Schritt zu gehen, sobald Gott es ihnen zeigen würde.

14 Stunden später erhielt Carl einen Anruf von Dr. C. Peter Wagner von der „Fuller Evangelistic Association". Er rief an, um Carl dafür zu gewinnen, in dieser Organisation Leiter der Abteilung „Gemeindeaufbau" zu werden und sich vollzeitlich der Gemeindeberatung zu widmen.

Es fiel Carl und Grace nicht leicht, alle Brücken hinter sich abzubrechen und diesen Weg zu gehen. Aber in den folgenden Wochen zeigte Gott ihnen, daß sie tatsächlich *seinen* Ruf gehört hatten. Und alles hatte damit begonnen, daß Carl diesem Paul Okken begegnet war. An seinem Leben hatte er gelernt, wie sehr es Gott gefällt, Gaben zu benutzen, um Berufungen zu offenbaren.

Nach dieser Erfahrung wurde Carl klar, daß es die Verantwortung eines jeden Leiters ist, anderen dabei zu helfen, den Platz zu finden, an den Gott sie berufen hat. Und dafür ist es erforderlich, daß sie ihre eigenen Gaben und die Gaben derer, die sie leiten, kennen.

Ihre Gedanken:

- Beantworten Sie für sich selber die Frage, die Carl George von seiner Frau gestellt wurde: „Was würdest du tun, wenn es um nichts anderes ginge, als die Gaben einzusetzen, die Gott dir gegeben hat?"

Kapitel 2:

Jeder nach seiner Gabe

Einer der Schlüssel zum Gemeindeaufbau: das Konzept der „gabenorientierten Mitarbeiterschaft". Deshalb lautet die entscheidende Frage: Welche Gaben hat Gott dem Pastor gegeben, welche den Gemeindegliedern?

Viele Gaben – ein Leib

Gott hat Christen nicht in der Weise begabt, daß alle das gleiche tun könnten. In der Gemeinde geht es nicht wie in einer Fabrik zu, wo alle angefertigten Teile gleich aussehen. Die Gemeinde ist ein Leib mit vielen Gliedern, die sich erheblich voneinander unterscheiden. Paul Okken hat dieser Tatsache in seiner Arbeit Rechnung getragen, und Carl hat sie in seinem eigenen Leben erkannt, als er begann, seinen Dienst von seinen geistlichen Gaben her neu zu überdenken.

In Epheser 4 wird berichtet, daß Jesus die Gemeinde mit Gaben ausgestattet hat: „Er hat etliche zu Aposteln gesetzt..." (4,1). *Apostel* sind Menschen, denen es buchstäblich in den Füßen kribbelt; sie *können* einfach nicht an einem Ort verweilen. Gott läßt sie nicht stillsitzen. Sie begeben sich häufig in Bereiche, wo es noch zu wenige lebendige Gemeinden gibt, um dort neue Gemeinden zu gründen.

Die Aufgabe des *Propheten*, dessen Gabe der Text als nächstes erwähnt, ist es nicht so sehr, den Menschen mit Donnerstimme Gottes Gericht zu verkünden. Ein Prophet ist vielmehr ein Mensch, der aufmerksam auf Gottes Stimme *hört*, um herauszufinden, was Gottes Gedanken über die Menschen sind.

Ein Beispiel: Im Alten Testament wird im zweiten Buch Samuel die Begegnung des Propheten Nathan mit dem König von Israel berichtet. Nathan sollte nicht vor David treten und ausrufen: „Du Schuft – der du Urias Weib genommen und ihren Mann getötet hast." Alles, was er zu tun hatte, war, vor den König zu treten und zu sagen: „Es gibt ein Problem im Königreich."

„Was ist los?"

„Ich brauche in einer bestimmten Angelegenheit deinen Rat."

„Dann erzähl mal."

„Es handelt sich um einen Mann, der viele Schafe besitzt, aber einem armen Mann sein einziges geliebtes Lamm gestohlen hat, um es seinen Gästen als Speise zuzubereiten. Nun hat der arme Mann kein einziges Tier mehr."

David war entrüstet. Er sagte: „Dieser Kerl verdient es nicht zu leben. Solche Machenschaften gefallen Gott nicht. Sag, wer ist der Mann?"

Nathan brauchte nur ganz leise zu flüstern: „Du bist es, Herr. Sagt dir der Name Uria etwas?"

Es kam nicht darauf an, *wie* Nathan die Sache vortrug, sondern *was* er sagte. Als diese leisen Worte Davids Ohr erreichten, fiel er auf die Knie. Er weinte, ging ins Gebet und tat Buße – alles Dinge, von denen man erwarten kann, daß sie durch prophetische Worte bewirkt werden. Sie können als Prophet Gottes einen erstaunlich wirksamen Dienst tun – wenn Sie lernen zu hören, bevor Sie reden.

Eine andere Gabe, die in Epheser 4 erwähnt wird, ist die Gabe der *Evangelisation*. Ein Evangelist weiß, wann ein Mensch „reif" ist. Als im ersten nachchristlichen Jahrhundert einmal ein Mann die Straße entlang fuhr und dabei in der Heiligen Schrift las, tauchte plötzlich ein Evangelist auf, der ein Gespür dafür hatte, zur rechten Zeit am rechten Ort zu sein. Der Reisende war gerade bei der Beschreibung des leidenden Christus im Buch Jesaja angelangt und stellte sich die Frage: „Ob der Prophet wohl sich selbst meint – oder ob er von einem anderen spricht?" Da spürte der Evangelist: *Hier ist jemand vorbereitet*, mehr über Gott zu erfahren.

Weiterhin wird im Epheserbrief von *Hirten* gesprochen. Christen, die die Gabe des Hirtendienstes haben, tragen für eine Gruppe von Menschen Verantwortung und begleiten jeden einzelnen geistlich und persönlich. Der Hirte ist eng mit der Herde verbunden und geht auf ihre Bedürfnisse ein.

Der *Lehrer* bringt die Wahrheit ans Tageslicht und macht sie den Zuhörern schmackhaft. Genauso, wie Getreidekost keineswegs trocken und fade sein muß, muß es die Wahrheit sein. Menschen mit der Gabe des Lehrens können geistliche Zusammenhänge so vermitteln, daß es den Zuhörern Freude macht, zuzuhören.

In Römer 12, wo Paulus ein umfangreicheres Bild der Gaben zeichnet, spricht er auch von der Gabe der *Leitung*. Diese Gabe befähigt einen Menschen dazu, eine Gruppe in die Richtung zu führen, die Gott für sie vorgesehen hat.

Vom Umgang mit geistlichen Gaben

Bevor Jesus in den Himmel auffuhr, sagte er: „Ihr werdet die Kraft des Heiligen Geistes empfangen, welcher auf euch kommen wird" (Apg. 1,8). Der Heilige Geist gibt jedem Gläubigen mindestens eine geistliche Gabe: der eine hat die Gabe der Organisation, der andere die des Lehrens, der Seelsorge, des Helfens, der Barmherzigkeit. Normalerweise verfügt ein Christ über mehrere Gaben – eine sogenannte Gabenkombination. Viele davon überlappen sich. Ein Diagramm zur Verdeutlichung dieses Phänomens hat eine gewisse Ähnlichkeit mit einem Gänseblümchen.

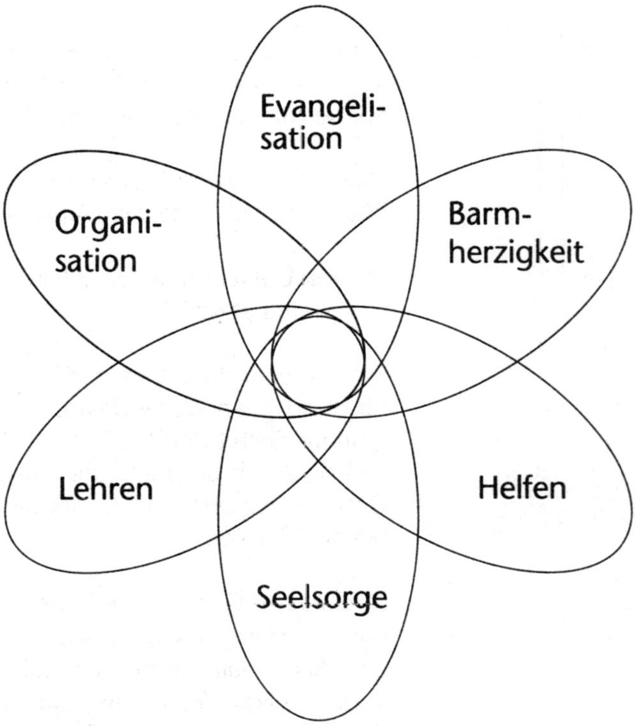

Abb. 3: Die einzelnen Gaben und Arbeitsbereiche überschneiden sich

In dem Bereich, in dem Gott Sie begabt hat, fühlen Sie sich in der Regel auch wohl. Ihre Gabe befähigt Sie, zu erkennen, was in einem bestimmten Bereich getan werden muß (*Verständnis*), daß man dieses Ziel erreichen kann (*Glaube*), und was Sie dazu beitragen können (*Effektivität*). Wenn Sie beispielsweise die Gaben der Seelsorge und des Lehrens haben, wird sich der Bereich, in dem Sie sich wohlfühlen, diesen Gaben anpassen (vgl. Abb. 4). Außerhalb der Zone Ihrer Begabung liegt der Bereich, in dem Sie sich nicht mehr wohl fühlen.

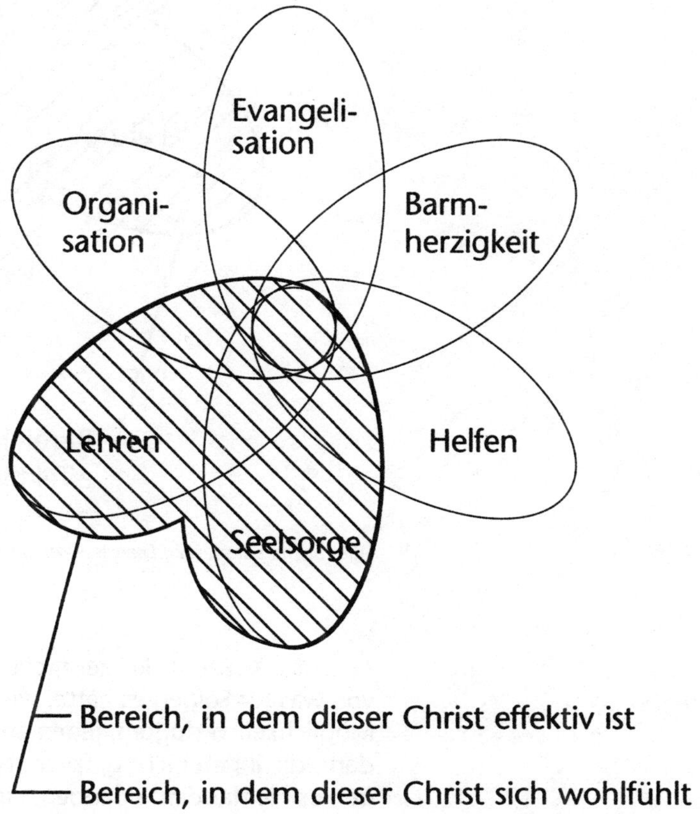

Abb. 4: Im Bereich unserer Begabung fühlen wir uns auch wohl

Wenn ein Christ mit der Gabe der Evangelisation Sie zum Beispiel zwingen würde, mehr evangelistische Straßeneinsätze zu machen, wäre Ihnen das wahrscheinlich unangenehm. Sie würden sich bedroht fühlen und versuchen, zu begründen, warum Sie nicht stärker evangelistisch tätig sind – da die meisten unter uns Aufgaben meiden, von denen wir vermuten, daß wir in ihnen nicht effektiv sind.

Die Lösung des Problems ist aber nicht, daß wir solche Aufgaben dennoch übernehmen, sondern daß wir diejenigen Christen, die andere Gaben haben als wir, dazu ermutigen. Denken Sie einmal darüber nach: Was könnte geschehen, wenn alle Christen ihre Gaben im Sinne Jesu gebrauchen würden? Der Bereich der potentiellen Dienste einer Gemeinde wäre so groß wie die Summe der Gaben der gesamten Gemeinde (vgl. Abb. 5). Vielleicht hatte Jesus das im Sinn, als er den Heiligen Geist sandte, um die Gaben freizusetzen, mit denen die Jünger anfangen sollten, das Reich Gottes zu bauen!

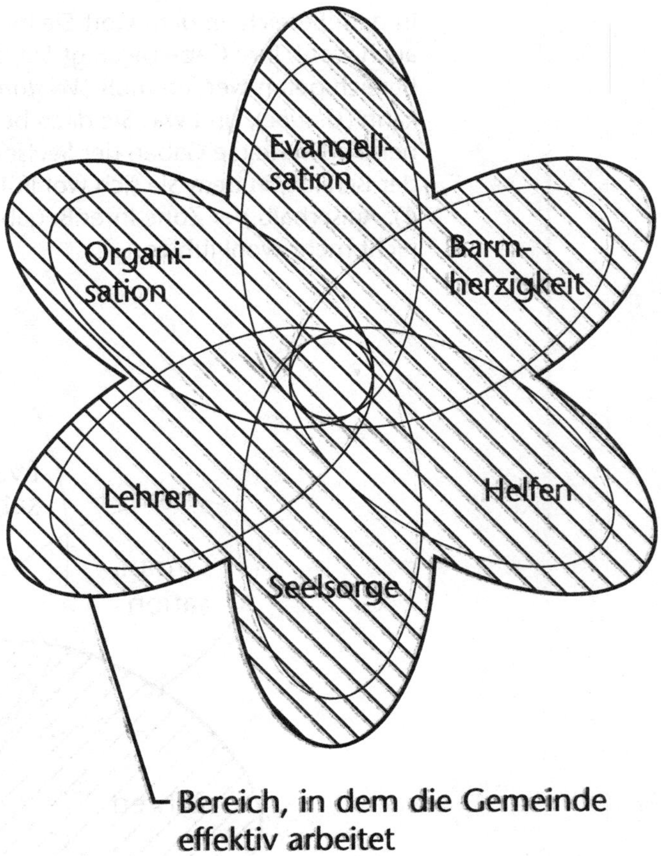

Abb. 5: Die potentiellen Dienste einer Gemeinde, die den gabenorientierten Ansatz praktiziert

Aber das Konzept der geistlichen Gaben hat auch Gefahren. Stellen Sie sich vor, was für Folgen es hätte, wenn alle Mitglieder einer Gemeinde über die Möglichkeit verfügten, jeden an der Praktizierung derjenigen Gaben zu hindern, die ihnen nicht gefallen. Nehmen wir einmal an, Ihre Mitarbeiter würden es niemandem erlauben, eine Gabe zu praktizieren, die sie nicht auch selbst besitzen. In einem solchen Fall würden sich die tatsächlich praktizierten Gaben auf den sehr engen Bereich beschränken, in dem sich alle wohlfühlen (vgl. Abb. 6). Wenn der Glaube sich auf den Bereich des kleinsten gemeinsamen Nenners zurückziehen muß, wird die Gemeinde zu einem Ort, der dem Tod geweiht ist, statt zu einem wachsenden Organismus mit allen Diensten, um die Jesus gebetet hat.

Der Leiter und seine Gaben

Wenn wir uns mit geistlichen Gaben und mit der Frage, wie man diese für den Gemeindeaufbau einsetzen kann, beschäftigen, müssen wir uns zwei wichtige Fragen stellen:

- Wozu hat Gott mich berufen?

- Was kann ich tun, damit andere Christen ihre Berufung entdecken und leben können?

Wenn Sie diese Fragen beantworten, werden Sie lernen, Ihre Gruppe oder Gemeinde effektiver zu leiten.

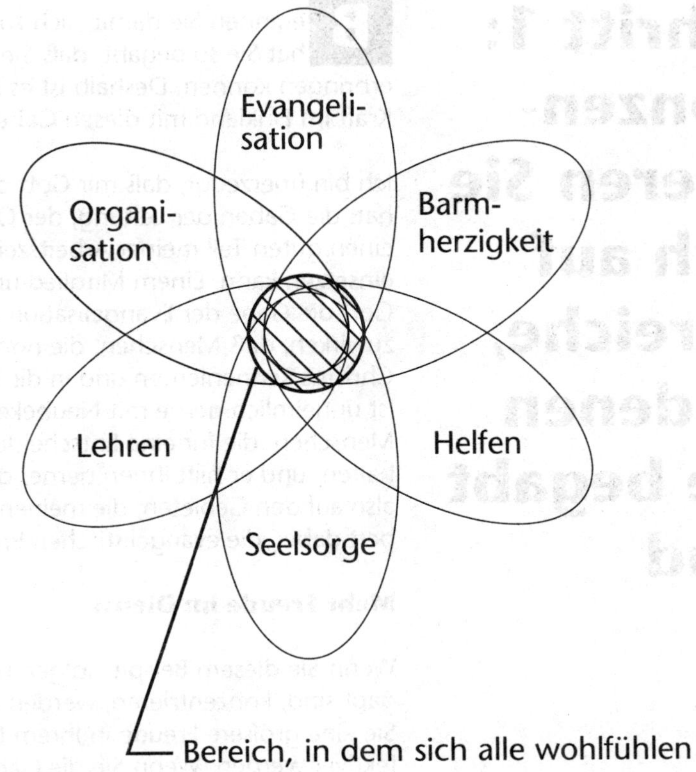

Abb.6: Die beschränkten Möglichkeiten einer Gemeinde, die nicht gabenorientiert arbeitet

Denken Sie zunächst über Ihre eigenen Gaben und Ihre Berufung nach. Benutzen Sie die folgenden vier Schritte dazu, sich darüber klar zu werden, welche Gaben Ihnen Gott gegeben hat – und welche Auswirkungen diese Tatsache auf Ihren Dienst hat.

Schritt 1: Konzentrieren Sie sich auf Bereiche, in denen Sie begabt sind

Beginnen Sie damit, sich zu fragen: *Wozu hat Gott mich berufen?* Gott hat Sie so begabt, daß Sie in bestimmten Bereichen gute Leistungen erbringen können. Deshalb ist es Ihre Verantwortung, Ihre Zeit und Ihre Kraft im Einklang mit diesen Gaben einzusetzen.

Ich bin überzeugt, daß mir Gott drei Gaben in besonderem Maße gegeben hat: die Gaben der Leitung, der Organisation und des Lehrens. Ich versuche, einen guten Teil meiner Arbeitszeit so zu strukturieren, daß ich diese Gaben einsetzen kann. Einem Mitglied unseres Leitungsteams, Robert Acker, hat Gott die Gabe der Evangelisation gegeben. Es begeistert Robert, dabei mitzuwirken, daß Menschen, die noch keinen Kontakt zur Gemeinde haben, Christus kennenlernen und in die Gemeinde eingegliedert werden. Robert ist unheimlich gerne mit Neubekehrten zusammen. Er liebt es auch, nach Menschen, die für eine Entscheidung für Christus bereit sind, Ausschau zu halten, und er hilft ihnen gerne, diese Entscheidung zu treffen. Ich arbeite also auf den Gebieten, die meinen Stärken entsprechen – und unterstütze Robert dabei, die evangelistischen Programme der Gemeinde zu beaufsichtigen.

Mehr Freude im Dienst

Wenn Sie diesem Beispiel folgen und sich auf die Bereiche, in denen Sie begabt sind, konzentrieren, werden zwei Dinge geschehen. Zunächst werden Sie eine größere Freude in Ihrem Dienst finden. Zweitens wird Ihr Dienst effektiver werden. Wenn Sie die Gabe des Lehrens haben, werden die Menschen durch Ihre Lehre etwas lernen. Wenn Sie die Gabe des Hirtendienstes haben, werden sich die Leute durch Sie geliebt und betreut fühlen. Der Einsatz einer Gabe bringt Freude und Effektivität mit sich.

Wie können Sie herausfinden, welche Gaben Ihnen Gott gegeben hat? Ein gutes Hilfsmittel dafür ist das Arbeitsbuch „Der Gabentest" von Christian A. Schwarz (C & P Verlag). Wenn Sie dieses Buch durchgearbeitet haben, werden Sie relativ klar sehen, in welchen Bereichen Ihre Gaben liegen – und in welchen nicht.

Im Laufe der Zeit bemerkte ich, daß ich schon als Kind kaum zu bremsen war, etwas Neues zu erfinden. Ich hatte von meinen Eltern einen Chemiekasten geschenkt bekommen, führte dann aber nur ein oder zwei der in der Anleitung beschriebenen Experimente durch. Die restliche Zeit verbrachte ich damit, einfach die Dinge zusammenzumischen und zu schauen, was dann passierte – sehr zum Leidwesen meiner Eltern!

Was aber, wenn Ihre Gaben nicht den Erwartungen anderer entsprechen oder Ihnen selbst nicht passen? Wenn die Menschen etwas Bestimmtes suchen und Sie mit Ihrer Begabung diese Bedürfnisse nicht befriedigen können, kann das zu Spannungen führen.

Beachten Sie, daß wir nicht ausschließlich auf Gebieten arbeiten können, die unserer Begabung entsprechen. Die Heilige Schrift ermutigt uns, Zeugnis für Christus abzulegen, auch wenn wir nicht die Gabe der Evangelisation haben. Auch wenn wir nicht die Gabe des Lehrens oder des Dienens haben, gehört es zu unserer „christlichen Universalrolle", zu lehren und einander zu dienen. Wenn wir aber *einen Teil unserer Zeit* so strukturieren können, daß wir unserer Begabung gemäß arbeiten, werden wir uns in unserem Dienst erfüllter und effektiver fühlen.

Als Faustregel läßt sich sagen, daß wir etwa 60 Prozent unserer Arbeitszeit in Bereiche investieren sollten, die unserer Begabung entsprechen. Wenn Sie danach vorgehen, werden Sie auch die restlichen 40 Prozent der Arbeit, die Ihnen keine besondere Freude bereitet oder in der Sie nicht so effektiv sind, bewältigen können.

Ihre Gedanken:

- Was sind Ihre drei am stärksten entwickelten geistlichen Gaben? (Wenn Sie das Arbeitsbuch „Der Gabentest" benutzt haben, tragen Sie hier bitte die drei Gaben ein, die als „manifeste Gaben" die höchste Punktezahl erzielten.)

1. ______________________
2. ______________________
3. ______________________

- Was sind die drei Aufgaben, die Ihnen am meisten Spaß machen? Schreiben Sie sie der Reihenfolge nach auf.

1. ______________________
2. ______________________
3. ______________________

- Versuchen Sie in wenigen Worten Antwort auf die entscheidende Frage zu geben: Wozu hat Gott mich berufen? Berücksichtigen Sie dabei Ihre Gaben und die Erfahrungen, die Sie bisher in Ihrem Glauben gemacht haben.

____

____

____

____

____

Schritt 2: Gewinnen Sie das ganze Leitungsteam für das Gaben-Konzept

Es ist sehr wichtig, daß Sie Ihrem Leitungsteam helfen zu erkennen, daß die Effektivität und die Begeisterung für den Dienst wachsen, je mehr ein Mensch seinen geistlichen Gaben gemäß arbeitet. Eine Schulung über den Gebrauch von Geistesgaben kann in diesem Prozeß sehr hilfreich sein. Ich empfehle Ihnen zu diesem Zweck das Buch *Die Gaben des Geistes für den Gemeindeaufbau* von C. Peter Wagner (Schriftenmissions-Verlag, Neukirchen-Vluyn). Machen Sie dieses Buch für das Leitungsteam Ihrer Gemeinde zur Pflichtlektüre – als Vorbereitung für ein Schulungswochenende. Bringen Sie so einen Prozeß in Gang, der es den Menschen ermöglicht, dieses Konzept zu verstehen und ihnen Möglichkeiten gibt, die Dienste der Gemeinde im Einklang mit den von Gott gegebenen Gaben zu organisieren.

Sie sollten für diese Schulung ein ganzes Wochenende einplanen, um genügend Zeit zu haben. Dabei sollten Sie auch Zeit für den persönlichen Austausch einplanen, in der jeder versucht, die Gebiete, in denen seine Stärken liegen, ausfindig zu machen. Die anderen Gruppenmitglieder können dann diese Selbsteinschätzung bestätigen. Eine solche Übung kann den Zusammenhalt des Leitungsteams ungemein stärken.

Machen Sie eine Pause und bieten Sie dann eine Zeit zum persönlichen Nachdenken an. Die Gruppenmitglieder können die Aktivitäten, in denen sie derzeit engagiert sind, aufschreiben und sie mit den Gebieten, in denen sie die größte persönliche Effektivität festgestellt haben, vergleichen. Fragen Sie die Beteiligten: *Wieviel Zeit investiert ihr in die Gebiete, in denen ihr besonders effektiv seid?*

Wenn Sie sich mit dieser Frage beschäftigen, werden Sie einige interessante Dinge feststellen. Es wird sich zeigen, daß einige Mitarbeiter Dienste übernommen haben, die nicht besonders gut zu ihnen passen und an denen sie keine große Freude haben. In einigen Fällen kann eine Angleichung von Gaben und Aufgaben dadurch erreicht werden, daß die Aufgaben einfach getauscht werden. Auf jeden Fall werden durch diesen Prozeß Menschen dazu befreit, ihren Gaben gemäß in der Gemeinde mitzuarbeiten – und auch ihren Pastor mit seinen Gaben und Grenzen zu akzeptieren.

Ihre Gedanken:

- Wann werden Sie das Wochenende mit Ihrem Leitungsteam durchführen?

____

- Welche Mitarbeiter sollten auf jeden Fall daran teilnehmen?

- Wie werden Sie das Wochenende vorbereiten?

Schritt 3: Bauen Sie ein Leitungsteam auf, das Ihre Gaben ergänzt

Niemand ist in allen Bereichen des Lebens stark. Finden Sie in Ihrer Gemeinde die Menschen, die Gott so begabt hat, daß sie auf den Gebieten Ihrer Schwächen ihre Stärken haben. Machen Sie diese Menschen zu Leitern, die Schlüsselpositionen übernehmen können. *Dort, wo Sie schwach sind, sind andere stark.* Das ist Gottes Ökonomie.

Ich selbst bin im Bereich von „Barmherzigkeitsdiensten" nicht besonders begabt. Bei Krankenbesuchen fühle ich mich nicht sehr wohl. Andere Gemeindeglieder haben an dieser Stelle weitaus größere Fähigkeiten entwickelt und sind für Krankenbesuche wesentlich geeigneter.

Wenn etwa eines dieser begabten Gemeindeglieder, Judy, schon einen Kranken besucht hat, bevor ich diese Person besuche, dann muß ich mir in der Regel zunächst 15 Minuten lang anhören, wie der Patient mir etwas von Judy vorschwärmt: Sie hat ihn aufgemuntert, wenn er deprimiert war; sie hat mit ihm gebetet und ihn ermutigt.

Sandy, die in unserer Gemeinde fünf Jahre lang als Mitarbeiterin tätig war, hat die Gabe des Hirtendienstes. Sie liebt es, sich um Menschen zu kümmern, die sich gekränkt und verletzt fühlen und mit persönlichen Schwierigkeiten zu kämpfen haben.

Sandy ist im Bereich ihrer Begabung Expertin. Sie eignete sich ebenso Kompetenz auf dem Gebiet der Organisation an, hatte damit aber nicht so viel zu tun. Sie umgab sich vielmehr mit einem Team qualifizierter Organisatoren. Mit deren Hilfe leitete sie eine Gruppe von 100 ehrenamtlichen Mitarbeitern.

Arbeiten Sie in Ihren schwachen Bereichen nur soviel, wie unbedingt erforderlich ist. Diese Arbeiten können Sie sehr schnell entmutigen und sind oft nichts als Zeitverschwendung. Sie werden bald feststellen, daß auf lange Sicht ein gutes Team jeden Individualisten, sei er auch noch so begabt, übertreffen wird.

Ihre Gedanken:

- Schauen Sie sich noch einmal die Gaben an, die Gott Ihnen gegeben hat. Listen Sie anschließend die fünf für die Gemeinde/Gruppe wichtigsten Bereiche auf, in denen Sie Gott *nicht* begabt hat. Tragen Sie in der rechten Spalte Personen ein, die Sie in Ihrer Einseitigkeit ergänzen könnten (entweder Namen von Menschen oder, wenn Sie noch keine konkrete Person vor Augen haben, den Namen der Gabe, die diese Person haben sollte).

Meine Schwachpunkte	**Gaben/Personen, die mich ergänzen könnten**
1. ______________	______________
	______________
	______________
2. ______________	______________
	______________
	______________
3. ______________	______________
	______________
	______________
4. ______________	______________
	______________
	______________
5. ______________	______________
	______________
	______________

Schritt 4: Setzen Sie Assistenten ein

Daß wir Aufgaben, für die wir nicht besonders begabt sind, an andere delegieren sollten, ist leicht einzusehen. Aber wie verhält es sich mit den Arbeitsbereichen, in denen unsere Stärken liegen? Hier setzen wir Assistenten ein. Dies sind Menschen, deren Gaben den unseren ähneln, und die uns helfen, auch in den Bereichen, in denen wir bereits erfolgreich sind, noch effektiver zu werden und Zeit zu sparen.

Wenn Sie beispielsweise ein Pastor sind, der in besonderer Weise die Gabe des Lehrens hat, heißt das noch lange nicht, daß Sie sich um alle Vorbereitungen für Predigten und Seminare allein kümmern müssen. Finden Sie andere, die Freude am Bibelstudium haben, auf diesem Gebiet begabt sind und Ihnen bei der Vorbereitung Ihrer Predigten helfen können.

Eines unserer Gemeindeglieder, Dave, betreibt gerne historische und kulturelle Studien. Ich kann mir nun die Bibelstellen, über die ich predigen will, vorher anschauen und daraufhin prüfen, ob darin etwas von historischer Bedeutung enthalten ist. Dann bitte ich Dave, mir Informationen über diesen Punkt zu verschaffen. Dave freut sich über diesen Auftrag und verbringt viele Stunden damit, auf diesem Gebiet Nachforschungen anzustellen. Er beantragte sogar eine Benutzerkarte für die Bibliothek eines nahegelegenen Instituts, um sich dort Bücher ausleihen zu können. Nachdem er zwischen 15 und 20 Stunden damit zugebracht hat, seinen Auftrag zu erledigen, gibt Dave mir eine etwa zweiseitige Zusammenfassung seiner Entdeckungen. Zusätzlich legt er etwa acht bis zehn Seiten sogenannter „Scherznotizen" bei. Es handelt sich dabei um interessante Fakten, nach denen ich zwar nicht ausdrücklich gefragt hatte, die aber Erstaunliches oder Erheiterndes enthalten.

Sie können sich den Ausdruck auf Daves Gesicht nicht vorstellen, wenn mitten in einer Predigt genau das gesagt wird, was Dave seinem Pastor an Informationen hat zukommen lassen. Diese drei bis fünf Minuten waren die besten der ganzen Predigt! Sie finden das vermutlich nicht besonders erstaunlich, oder? Die wenigsten Pastoren wenden 20 Stunden für die Vorbereitung einer dreißigminütigen Predigt auf, geschweige denn für drei bis fünf Minuten.

Eine Frau aus unserer Gemeinde hatte über Jahre hinweg eingehendes Bibelstudium betrieben und war Expertin darin geworden, zu bestimmten Themen Bibelverse zusammenzustellen. Wenn ich ihr jemals ein öffentliches Forum gegeben hätte, hätte sich diese sehr introvertierte und stille Frau sicherlich sofort zurückgezogen (zumindest wäre sie sehr verwirrt gewesen).

Als ich eines Tages eine Schriftstelle las, in der uns geboten wird, das zu lehren, was Jesus gelehrt hat, und die Menschen dazu anzuhalten, seine Gebote zu halten, fragte ich mich: *Was hat Jesus eigentlich wirklich gelehrt?* Bisher hatte ich nur selten eine Predigt über die Gebote Jesu gehört. Als ich mich in meiner Bibliothek umsah, stellte ich fest, daß auf dieses Thema sehr oft Bezug genommen wird. Deshalb rief ich die genannte Frau zu mir und bat sie, die Evangelien durchzulesen und mir eine Zusammenfassung dessen, was Jesus gelehrt hat, zu geben. Eine Woche später kam sie mit einer dreiseitigen Zusammenfassung wieder – es war die beste, die ich je gesehen hatte.

Solche Leute können Sie in Ihren Stärken unterstützen. Sie tragen dazu bei, daß Ihr Dienst noch effektiver werden kann.

Wöchentliche Treffen

Besonders profitiere ich von Assistenten, die die Gabe der Organisation oder des Helfens haben. Sie können Sie bei der Planung eines Projektes unterstützen; sie kommunizieren mit anderen und regen sie dazu an, ihre Gaben zu entdecken; sie machen Vorschläge zur Problemlösung und helfen bei der Durchführung von Programmen. Ich treffe mich wöchentlich mit meinen Assistenten, um über die neuesten Sachverhalte auf dem laufenden zu sein.

Eine Person aus diesem Kreis, Iris, kam einmal zu mir. Sie war erst seit kurzem Mitglied der Gemeinde und hatte gerade in einer der von mir geleiteten Gruppen ihre geistlichen Gaben entdeckt. „Bob", sagte sie, „diese Gruppe ist eine wunderbare Einrichtung, aber wenn ich ehrlich sein soll, muß ich sagen, daß ihr eine bessere Organisation gut täte."

Damit hatte sie recht. Ich hatte mich im Laufe der Zeit damit begnügt, der Gruppe von Woche zu Woche Arbeitsblätter auszuteilen. Als Iris mir anbot, mir dabei zu helfen, etwas mehr System in den Kurs hineinzubringen, nahm ich das Angebot gerne an. Wir beide trafen uns jede Woche eine halbe Stunde lang; Iris berichtete mir, was sie getan hatte, und wir verabredeten miteinander, was in der kommenden Woche erledigt werden sollte. Im Laufe der Woche verwendete Iris zwischen acht und zwölf Stunden, um ihre Aufgaben auszuführen. Während des nächsten Kurses, der sich über mehrere Monate erstreckte, half sie bei der Organisation der Gruppe mit, zusätzlich gründete sie eine eigene Gruppe, in der Menschen lernen konnten, ihre geistlichen Gaben einzusetzen, und schließlich bildete sie noch Berater aus, die wiederum anderen helfen sollten, ihre Gaben zu entdecken und einzusetzen. Obwohl Iris sich selbst nie als Leiterin betrachtet hätte, hatte sie faktisch doch mit meiner Unterstützung die Leitung dieses gesamten Aufgabenbereichs übernommen.

Sie können sich Menschen heranziehen, die Ihnen bei der Organisation der gemeindlichen Dienste helfen, indem sie Bedürfnisse entdecken und Lösungsvorschläge ausarbeiten. Diese Leute üben Mitarbeiterfunktionen aus, fühlen sich aber oft nicht kompetent genug, selbständig einen ganzen Arbeitsbereich zu leiten. Wenn Sie sich mit einem solchen Assistenten wöchentlich eine Stunde lang zusammensetzen, wird Ihnen das mindestens fünf bis sechs Stunden Arbeit ersparen.

Ihre Gedanken:

- Tragen Sie hier in die linke Spalte fünf Aufgaben ein, für die Gott Sie begabt hat. In der rechten Spalte listen Sie dann Namen von Menschen, die Sie bei diesen Aufgaben unterstützen könnten.

Aufgaben, die zu meinen Stärken gehören	**Mögliche Assistenten**
1. ______	______
	______
	______
2. ______	______
	______
	______
3. ______	______
	______
	______
4. ______	______
	______
	______

5. ____

____

____

Wie das Konzept die ganze Gemeinde prägen kann

Wenn Sie als Leiter erst einmal damit begonnen haben, Ihre Arbeit Ihren Gaben gemäß neu zu organisieren, werden Sie bald feststellen, daß es ebenso wichtig ist, Ihre Gemeindeglieder zum Gebrauch ihrer Gaben freizusetzen. Die folgenden Richtlinien werden Ihnen helfen, eine gabenorientierte Gemeinde aufzubauen.

Klären Sie Ihre Gemeindeglieder über Geistesgaben auf und helfen Sie ihnen, ihre eigenen Gaben zu entdecken. Dazu können Sie die verschiedensten Hilfsmittel einsetzen – Bücher, Seminare, Workshops, Kleingruppen und vieles andere mehr. Aber seien Sie in einem Punkt auf der Hut. Stellen Sie den Gläubigen das Konzept der gabenorientierten Mitarbeiterschaft nicht eher vor, als Sie auch gewillt sind, einen Prozeß in Gang zu bringen, der den Menschen die Möglichkeit gibt, ihre Gaben tatsächlich einzusetzen.

Ich habe viele Christen gesehen, die die Gabenlehre zunächst begierig aufgegriffen hatten. Ihr Pastor hatte an dieser Stelle Feuer gefangen und die Gemeinde mit seiner Begeisterung durch Seminare und Predigten angesteckt. Allerdings ließ er den Menschen dann keinen Raum, ihre neuentdeckten Gaben auch einzusetzen. Wenn man auf diese Weise hohe Erwartungen weckt, dann aber den Gebrauch der Gaben nicht fördert – und vielleicht sogar blockiert! –, so ist das, als wenn man einen Luftballon aufbläst und ihn anschließend mit einer Nadel zum Platzen bringt.

Die Entwicklung des Konzeptes der gabenorientierten Mitarbeiterschaft verläuft in zwei Phasen: Erst kommt die Phase des Entdeckens und der Unterweisung, und dann muß eine Phase folgen, in der der Dienst neu organisiert wird. Es genügt nicht, bloße Lehre über Gaben zu bieten; Sie müssen ein System entwickeln, mit dessen Hilfe Menschen ihren Gaben entsprechende Aufgaben finden können.

Die folgenden fünf Schritte werden Ihnen helfen, das Konzept der gabenorientierten Mitarbeiterschaft fest in Ihren Gemeindealltag zu integrieren.

Schritt 1: Listen Sie alle Gaben auf, die bei Ihnen praktiziert werden sollten

Es kommt nicht darauf an, ob diese Liste fünf, fünfzehn oder fünfzig Gaben umfaßt, notieren Sie einfach diejenigen, die Ihnen gemäß Ihrer theologischen Überzeugung und Ihren gemeindlichen Erfordernissen in den Sinn kommen. Listen Sie außerdem alle Dienste und Aufgabenbereiche auf, die Ihre Gemeinde derzeit anbietet.

Vor einigen Jahren legte ich mir eine solche Liste an. Ich machte zwei Spalten; in die eine trug ich die Gaben ein, und in die andere die Dienste der Gemeinde. Dann zog ich Linien, die die Gaben mit den Diensten verbanden. Nachdem ich kreuz und quer die Verbindungen eingezeichnet hatte, warf ich einen Blick auf die Spalte mit den Gaben. Ich wollte herausfinden, ob in unserer Gemeinde für jede Gabe genügend Betätigungsfelder vorhanden waren. Die Feststellung, die ich dabei machte, versetzte mich in Erstaunen. Alle Gaben wurden bereits gut eingesetzt, mit einer einzigen Ausnahme – es gab keinen Raum für die Gabe der Barmherzigkeit. Interessanterweise spiegeln solche blinden Flecken die Gebiete wider, wo es uns an Begabung mangelt.

Effie und das „Diakonie-Team"

Ungefähr zur selben Zeit führte Gott eine junge Frau namens Effie in die Gemeinde. Sie hatte die Gabe der Barmherzigkeit und der Leitung. Nach einer Bibelstunde wandte sie sich an mich und sagte: „Wir brauchen so etwas wie einen Notdienst in der Gemeinde, eine Anlaufstelle, an die sich Menschen in Problemsituationen wenden können. Eine Gruppe, die betet, Mahlzeiten zubereitet und Krankenbesuche macht. Ich würde dir gerne bei der Organisation eines solchen Dienstes behilflich sein." Einige Monate lang führte sie Gespräche mit dem Gemeindevorstand – und dann rief sie das „Diakonie-Team" ins Leben, in dem sofort viele mitarbeiteten.

Das „Diakonie-Team" dient sowohl Gemeindegliedern als auch Außenstehenden. Wenn beispielsweise eine Mutter im Krankenhaus ist, versorgt es – falls notwendig – die Familie mit Abendessen.

Einen besonders effektiven Dienst bietet das „Diakonie-Team" anläßlich von Beerdigungen an. Die Trauergäste kommen oft von außerhalb. Die Beerdigung endet gewöhnlich am späten Morgen oder frühen Nachmittag. Anschließend begibt man sich auf den Weg zum Haus der Familie. Dann müssen die Hinterbliebenen meist zwischen 25 und 50 Gäste bewirten. Sie haben aber oft nicht die Zeit und Energie, ein großes Essen vorzubereiten. Das „Diakonie-Team" nimmt mit diesen Menschen Kontakt auf und vereinbart, am Tag der Beerdigung ein komplettes Essen für alle Gäste ins Haus zu liefern. Dann bedient das Team die Angehörigen und Freunde.

Viele Menschen haben mir erzählt, daß sie durch das „Diakonie-Team" zum ersten Mal mit der Liebe Christi konfrontiert wurden. In unserer Gemeinde sind als Auswirkung dieses Dienstes viele Menschen zum Glauben an Jesus gekommen.

Ihre Gedanken:

- Schreiben Sie hier in die linke Spalte diejenigen Gaben, die nach Ihrer theologischen Überzeugung in Ihrer Gemeinde praktiziert werden sollten

(Röm. 12, 1. Kor. 12, Eph. 4 u.a.). Schreiben Sie in die rechte Spalte, welche Aufgaben es derzeit in Ihrer Gemeinde gibt. Zeichnen Sie anschließend Linien ein, die die Gaben mit den entsprechenden Aufgaben verbinden.

Gaben	**Aufgaben in unserer Gemeinde**

Schritt 2: Verfassen Sie für jede Aufgabe eine Aufgabenbeschreibung

Unsere Gemeinde hat sich ein Ringbuch angelegt, in dem über hundert Aufgabenbeschreibungen gesammelt sind. Auf je 100 Gottesdienstbesucher sollten mindestens 60 Aufgaben kommen, die diese Leute ausfüllen können. Mit weniger wäre Ihre Gemeinde nicht ausgelastet. Geistlich arbeitslose Gemeindeglieder müssen unbedingt in den Dienst integriert werden!

Ihre Gedanken:

- In Kapitel 7 (Seiten 97 bis 108) finden Sie ausführliche Hinweise, wie sich eine solche Aufgabenbeschreibung erstellen läßt. Sie können zu diesem Zweck das Arbeitsblatt 12 (Seite 155) benutzen. Tragen Sie hier ein, bis wann für jede Aufgabe in Ihrer Gemeinde eine schriftliche Aufgabenbeschreibung vorliegen sollte:

___

- Legen Sie sich einen Ordner an, in dem Kopien aller Aufgabenbeschreibungen, die es in Ihrem Verantwortungsbereich gibt, abgeheftet werden können.

Schritt 3: Setzen Sie „Gabenberater" ein

Ein „Gabenberater" ist so etwas wie ein offizieller innergemeindlicher „Berufungsberater". Ähnlich wie eine Stellenvermittlungsagentur, die Menschen, die eine Beschäftigung suchen, eine Arbeit vermittelt, muß es auch der Gemeinde darum gehen, Menschen, die geistliche Gaben haben, zu Aufgaben zu verhelfen, die diesen Gaben entsprechen. Um Menschen in diesem Prozeß zu helfen, ist es sinnvoll, einen „Gabenberater" einzusetzen – nachdem er durch Schulung auf diese Aufgabe vorbereitet worden ist.

Ihre Gedanken:

- Wer könnte in Ihrer Gemeinde/Gruppe die Aufgabe des „Gabenberaters" wahrnehmen?

___

___

- Geben Sie dem zukünftigen „Gabenberater" die Bücher „Die Gaben des Geistes für den Gemeindeaufbau" (Schriftenmissions-Verlag) und „Der Gabentest" (C & P Verlag). Sorgen Sie dafür, daß er selbst seine Gaben entdeckt hat und ihnen entsprechend lebt.

Schritt 4: Lehren Sie kontinuierlich über Gaben

Bei dem Konzept der gabenorientierten Mitarbeiterschaft handelt es sich nicht um eine *Aktion*, die irgendwann begonnen wird, um einige Zeit später wieder abgeschlossen zu werden. Hier geht es vielmehr um einen *Prozeß*, der das gesamte gemeindliche Leben zunehmend prägen soll. Deshalb ist es wichtig, daß die Lehre von den geistlichen Gaben kontinuierlich in den unterschiedlichsten Zusammenhängen thematisiert wird, in Groß- und Kleingruppen, in Seminaren und persönlichen Gesprächen. Mittlerweile gibt es viele ausgearbeitete Materialien, die Sie in diesem Prozeß unterstützen können.

Ihre Gedanken:

- An welchen Stellen könnte in Ihrer Gemeinde den Christen konkret geholfen werden, ihre Gaben zu entdecken und für den Gemeindeaufbau einzusetzen? Denken Sie an die unterschiedlichsten gemeindlichen Angebote: Hauskreise, Seminare, Predigten, Leiterschulung, Erwachsenenbildung, Gemeinde-Grundkurs, Jugendarbeit, Freizeiten etc.

Gemeindliches Angebot	**Wie kann hier das Gabenthema eingebracht werden?**

Schritt 5: Sorgen Sie dafür, daß sich jeder im Bereich seiner Begabung engagiert

Entwickeln Sie einen Plan und eine Strategie, mit Hilfe derer jeder einzelne seine Gaben entdecken und einsetzen kann.

Es gibt viele Wege, dies zu erreichen. In unserer Gemeinde wird eine Einführung in die Gabenlehre innerhalb des von mir geleiteten Gemeinde-Grundkurses gegeben. Gläubige, die sich näher für die Gemeinde interessieren, die Mitarbeiter kennenlernen wollen und an einen eventuellen Beitritt denken, werden zu diesem siebenwöchigen Kurs eingeladen, der wöchentlich ein zweistündiges Treffen plus zwei Stunden Hausaufgaben umfaßt.

Im Rahmen der Hausaufgaben muß jeder eine sechsstündige Cassette mit einer Einführung in die Gabenlehre hören, durch die er ermutigt wird, seine Gaben zu entdecken und einzusetzen. Am Ende setzt sich jeder Teilnehmer des Grundkurses mit dem „Gabenberater" zusammen, um über Gaben, Wünsche, Vorerfahrungen, Zeiteinteilung und so weiter zu sprechen. Aus dem Gespräch sollen sich zwei bis drei konkrete Möglichkeiten herauskristallisieren, wie die jeweiligen Gaben am besten in die Gemeinde eingebracht werden können. Vor Abschluß des Gemeinde-Grundkurses überlegen die Teilnehmer im Gebet, welchen Dienst sie in Zukunft übernehmen wollen – und verpflichten sich dann verbindlich dafür. Die Gemeindeleitung geht den einzelnen solange nach, bis sichergestellt ist, daß jedes Gemeindeglied in einen Dienst eingebunden ist.

Ihre Gedanken:

● Arbeitsblatt 1 (Seite 133) wird Ihnen helfen, ein Gabenprofil Ihrer Gruppe bzw. Gemeinde zu erheben. Wenn Sie das Arbeitsbuch „Der Gabentest" einsetzen, läßt sich mit relativ wenig Aufwand erheben, in welchen Bereichen Gott die Gemeindeglieder begabt hat. Eine solche Übersicht läßt sich für einzelne Gruppen wie auch für die gesamte Gemeinde erstellen. Wenn Sie die Ergebnisse für Ihre Gruppe bzw. Gemeinde wie im angegebenen Beispiel auswerten, können Sie unschwer erkennen, was die Begabungs-Schwerpunkte der gesamten Gruppe sind. Dies können wertvolle Hinweise auf die Berufung der Gesamtgruppe sein.

Tragen Sie hier ein, in welchen Gruppen innerhalb der nächsten sechs Monate anhand des Arbeitsblattes eine solche Übersicht erstellt werden soll:

____

____

____

____

____

____

Arbeitsblatt 1:

Gabenprofil einer Gruppe

	1	2	3	4	5	6	7	8	9	10
Apostel	X									
Auslegung										
Barmherzigkeit	X	X	X							
Dämonenaustreibung	X									
Dienen	X	X	X	X	X					
Ehelosigkeit	X									
Erkenntnis	X	X								
Evangelisation	X	X	X	X						
Freiwillige Armut	X									
Gastfreundschaft	X	X	X	X						
Geben	X	X	X							
Gebet	X	X	X	X						
Glaube	X	X								
Handwerk	X									
Heilung	X	X	X							
Helfen	X	X								
Hirtendienst	X	X								
Künstlerische Kreativität	X									
Lehren	X	X								
Leidensbereitschaft										
Leitung	X									
Missionar	X	X								
Musik	X	X	X							
Organisation	X	X								
Prophetie	X									
Seelsorge	X	X	X	X						
Unterscheidung der Geister	X	X								
Weisheit	X									
Wundertaten										
Zungenreden	X	X								

Abb. 7: Beispiel für die Erhebung eines Gabenprofils in einem zwölfköpfigen Hauskreis; die Begabungs-Schwerpunkte treten deutlich zutage

Kapitel 3:

So machen Sie mehr aus Ihrer Zeit

Wohl jeder Leiter kennt das Gefühl der Überforderung: Zu viele Dinge müssen in zu kurzer Zeit bewältigt werden. Das folgende Kapitel zeigt Wege, mit deren Hilfe schon unzählige Leiter gelernt haben, mehr aus ihrer Zeit zu machen.

Zeitmanagement nach Gottes Willen

Jemand hat einmal gesagt: „Erfolg besteht zu 80 Prozent aus Zeitmanagement" – womit er nicht ganz unrecht hat. Wir neigen dazu, unsere Kalender mit mehr und mehr Terminen vollzustopfen – und unser Leben wird dadurch immer komplizierter, bis es plötzlich einem zu vollen Koffer gleicht, der aus allen Nähten platzt. Das Resultat ist, daß wir immer mehr arbeiten – und immer weniger Spaß daran haben.

Aber es gibt eine Lösung! Wenn Sie den Schlüssel zu effektivem Zeitmanagement finden wollen, dann schlagen Sie bitte in Ihrer Bibel Epheser 5,15-17 auf. (Die Bibel ist eines der besten Managementlehrbücher, die je geschrieben wurden.) Dort lesen wir: „So sehet nun zu, wie ihr vorsichtig wandelt, nicht als die Unweisen, sondern als die Weisen, und kaufet die Zeit aus; denn es ist böse Zeit. Darum werdet nicht unverständig, sondern verständig, was da sei des Herrn Wille."

Der Schlüssel: Konzentration auf Gottes Wille

Aus dieser und vielen anderen Stellen ist ersichtlich, daß es zwei Möglichkeiten gibt, wie wir unser Leben führen können: unverständig oder weise. In Epheser 5,16 heißt es: „Kaufet die Zeit aus." Eine andere Übersetzung formuliert: „Nutzt eure Zeit in der rechten Weise" (Gute Nachricht).

Wo liegt der Schlüssel zu weiser Lebensführung? Die Antwort ist in Vers 17 zu finden: „...was da sei des Herrn Wille." Das grundlegende Prinzip für effektives Zeitmanagement ist die Konzentration auf Gottes Willen. Überlegen Sie täglich, wie Sie dem Willen Gottes näher kommen. Alle guten Techniken des Zeitmanagements auf der Welt werden Ihnen nichts nützen, wenn Sie sich nicht auf die Aktivitäten konzentrieren, die Sie Gottes Zielen näher bringen.

Jesus als Modell

Das überzeugendste Beispiel für ein ausgeglichenes Leben ist das Leben Jesu. Immer wenn Sie sich überbeschäftigt und unter dem Druck fühlen, zu viele Dinge in zu kurzer Zeit erledigen zu müssen, sollten Sie daran denken, daß Sie auch nicht annähernd so viele Aufgaben haben wie Jesus. Können Sie sich die Erwartungen vorstellen, die die Menschen an ihn richteten? Sie hungerten nach Heilung. Sie suchten Rat. Sie wollten mehr über Gott erfahren.

Inmitten all dessen bewahrte Jesus jedoch das Gefühl für Ruhe und das Ziel seines Lebens. Am Ende seines dreijährigen Wirkens konnte er im Gebet zu seinem Vater sagen: „Ich habe vollendet das Werk, das du mir gegeben hast, daß ich es tun sollte" (Joh. 17,4). Wie konnte er nur so etwas behaupten, wo es doch immer noch Menschen gab, die Heilung brauchten? Wie konnte er es behaupten, solange noch nicht jeder die Botschaft vom Gottes Reich gehört hatte?

Das Geheimnis seines Lebens offenbart sich in dem Vers: „Und des Morgens vor Tage stand er auf und ging hinaus. Und Jesus ging in eine wüste Stätte und betete daselbst" (Mk. 1, 35). Unser Herr war eng mit dem Vater verbunden, und diese Abhängigkeit von ihm fand ihren Ausdruck im täglichen Gebet. Mit Sicherheit klärte sich so in der Einsamkeit, was Gottes Wille für den jeweiligen Tag war. Er konnte zielbewußt durchs Leben gehen, weil er sich auf den Willen des Vaters konzentrierte.

Inmitten all der Dinge, die hätten getan werden *können*, tat Jesus das, was getan werden *mußte*. Deswegen war es zutreffend, wenn er am Ende seines Wirkens behauptete: „Ich habe vollendet das Werk, das du mir gegeben hast, daß ich es tun sollte." Das Geheimnis des Zeitmanagements lautet: Konzentration auf den Willen Gottes. Und denken Sie daran: Es gibt immer genügend Zeit, um Gottes Willen zu tun.

Wenn diese Grundlage klar ist, hat es Sinn, über die folgenden zehn Prinzipien nachzudenken, die Ihnen helfen werden, als Leiter mehr aus Ihrer Zeit zu machen.

Setzen Sie sich überprüfbare Ziele

Zeitmanagement wird nur dann erfolgreich sein, wenn es sich auf klare, nachprüfbare Ziele bezieht. Wenn Sie nicht wissen, was Gott von Ihnen will oder was Sie erreichen wollen, wird es Ihnen nie gelingen, Ihre Zeit weise einzuteilen.

Jemand hat einmal gesagt: „Als wir das Ziel aus den Augen verloren hatten, verdoppelten wir unsere Anstrengungen."

Ihre Gedanken:

- Welche Ziele wollen Sie innerhalb der nächsten sechs Monate erreichen? Tragen Sie in die linke Spalte zu jedem der drei Bereiche Ihre Ziele ein. Dann schreiben Sie in die rechte Spalte, welche Priorität die jeweiligen Ziele für Sie haben: A = äußerst wichtig, B = wichtig, C = nicht so wichtig.

Bereich	**Ziele**	**Priorität**
Persönliches Leben/ Familie	______________	______
	______________	______
	______________	______
	______________	______
	______________	______
Geistliches Leben	______________	______
	______________	______
	______________	______
	______________	______
	______________	______
Beruf/ Gemeinde	______________	______
	______________	______
	______________	______
	______________	______
	______________	______

Stellen Sie fest, womit Sie Ihre Zeit verbringen

Um herauszufinden, wie man seine Zeit verbringt, ist es sehr nützlich, ein Zeittagebuch zu führen. Halten Sie in der kommenden Woche genau fest, was Sie den ganzen Tag über tun. Führen Sie eine detaillierte Liste aller Verabredungen, freien Zeiten, Telefonate, Besorgungen, Arbeitszeiten, Planungszeiten und so weiter. Am Ende der Woche werden Sie ein sehr interessantes Tagebuch nachzulesen haben.

Beobachten Sie auch, ob Sie in irgendeiner Art und Weise anders handeln, wenn Sie sich bewußt machen, daß Sie Ihr Verhalten aufzeichnen. Halten Sie jedes Jahr eine oder zwei Wochen lang Ihre täglichen Aktivitäten schriftlich fest. Das gibt Ihnen die Gelegenheit, sich darüber klar zu werden, wohin Sie gehen und was Sie tun.

Peter Drucker sagt: „Alles erfordert Zeit. Zeit ist die einzige allen Menschen gemeinsame Voraussetzung. Jegliche Arbeit findet in der Zeit statt und verbraucht Zeit. Trotzdem halten die meisten Menschen den einzigartigen, unersätzlichen Rohstoff Zeit für etwas selbstverständliches. Vielleicht gibt es nichts, was eine effektive Führungskraft mehr auszeichnet als ihr liebevoller, verantwortungsbewußter Umgang mit der Zeit."

Was Drucker hier über Führungskräfte schreibt, trifft natürlich auch auf christliche Leiter zu. Untersuchungen haben gezeigt, daß zum Beispiel Pastoren nahezu 50 Prozent ihrer Zeit mit Management- und Leitungsaufgaben verbringen!

Fragen Sie sich von Zeit zu Zeit: *Inwieweit haben heute meine Ziele meine Zeiteinteilung beeinflußt?* Wenn Sie sich die Zeit nehmen, einzuschätzen, womit Sie Ihre Zeit verbringen, wird das Ihr Leben entscheidend verändern. Stellen Sie sich die Frage: *Ist das, was ich gegenwärtig tue, wichtig genug, um dafür einen Tag meines Lebens herzugeben?* Sind Sie sich dessen bewußt, daß allein schon die Tatsache, daß Sie Aufzeichnungen machen, eine Verhaltensänderung bewirkt? Denn wer möchte schon aufschreiben: *Zeit vergeudet – in meinem Arbeitszimmer gesessen und die Wände angestarrt!*

Ihre Gedanken:

- Wann werden Sie eine Woche lang dieses Zeittagebuch führen?

Bekämpfen Sie Zeitverschwender

Sicherlich kennen Sie nicht wenige Leute, die einen Großteil ihrer Zeit vergeuden (natürlich gehören Sie selbst nicht dazu). Nehmen Sie sich ein paar Minuten, um festzustellen, wie viele typische Zeitverschwender Ihnen einfallen.

Im allgemeinen sind es: Fernsehen ... Zeitunglesen ... Besorgungen machen, die auch andere erledigen könnten ... selbstverschuldete Unterbrechungen (z.B. sich während des Studiums mit etwas anderem Interessanten auf dem Schreibtisch beschäftigen) ... keine Liste mit To-dos haben ... unwichtige Post lesen ... zu umfangreiche Vorbereitungen ... vier oder fünfmal dieselben Unterlagen vorgelegt bekommen ... Fahrzeiten ... unstrukturierte Besuche ...

keine klaren Arbeitsaufträge haben ... sich zu lange bei jemandem aufhalten ... verringerte Leistungsfähigkeit durch Arbeitsüberlastung ... uneffektive Lesegewohnheiten ... Telefongespräche ... nicht früh genug aufstehen ... Sachen verschleppen.

Zeitverschwender müssen erkannt und systematisch getilgt werden. Manche Zeitverschwender *scheinen* sehr nützlich und wichtig zu sein. Aber effektives Zeitmanagment erfordert Selbstdisziplin – man muß sich auf das wirklich wichtige konzentrieren und die unproduktiven Unternehmungen radikal unterlassen.

Ihre Gedanken:

- Die zehn offensichtlichsten Zeitverschwender, die ich bekämpfen muß, sind folgende:

1. ______
2. ______
3. ______
4. ______
5. ______
6. ______
7. ______
8. ______
9. ______
10. ______

Lernen Sie sich selbst besser kennen

Was sind Ihre geistlichen Gaben? Konzentrieren Sie Ihre Zeit und Energie auf die Bereiche, in denen Gott Sie begabt hat.

Sind Sie eher ein Nacht- oder ein Morgenmensch? Ich kann am besten morgens arbeiten; nachmittags kann ich nicht mehr so leicht klare Gedanken fassen. Ich beginne den Tag früh und fange bei meinem persönlichen Höhepunkt an; dann geht es langsam bergab. Einer meiner Nachbarpastoren arbeitet am besten in der Zeit zwischen 22.00 Uhr und Mitternacht. Dann sind die Kinder im Bett, das Telefon klingelt nicht mehr, und er hat wunderbar Zeit für seine Predigtvorbereitungen. Wenn ich das gleiche versuchen wollte, würden meine Predigten sehr kurz und oberflächlich ausfallen. Arbeiten Sie so, wie Gott Sie „gebaut" hat, und strukturieren Sie Ihren Tag um die Zeiten, in denen Sie am produktivsten sind.

Sind Sie eher sach- oder beziehungsorientiert? Wenn Sie ein sachbezogener Mensch sind, wird es Ihnen schwerfallen, Dinge zu tun, bei denen man sich stark auf andere Menschen einstellen muß, wie beispielsweise Krankenbesuche, seelsorgerliche Beratung und ähnliches. Achten Sie darauf, daß Ihre Zeiteinteilung genügend Raum läßt, sich mit Menschen zu beschäftigen. Der beziehungsorientierte Leiter hingegen muß seine Aufmerksamkeit darauf konzentrieren, die wichtigen sachbezogenen Angelegenheiten nicht zu versäumen.

Es gibt Zeiten, in denen uns unsere persönlichen Neigungen von großem Nutzen sind – und es gibt andere Zeiten, in denen wir gegen sie ankämpfen müssen.

Ihre Gedanken:

● Die Arbeitsbücher „Der Gabentest" und „Der christliche Persönlichkeits-Test" (beide C & P Verlag) helfen Ihnen, Ihre Stärken und Grenzen besser kennenzulernen. Wenn Sie die beiden Bücher durchgearbeitet haben, werden Sie einerseits sehen, was Ihre geistlichen Gaben sind, und zweitens, was die Chancen und Grenzen Ihres Persönlichkeits-Profils sind.

Meine „manifesten" Gaben: ______________________

____

____

____

____

Meine „latenten" Gaben: ______________________

____

____

____

____

Mein Persönlichkeitsprofil: ______________________

____

Planen Sie Zeit für das Planen

Ein großer Teil des Arbeitsstresses läßt sich dadurch vermeiden, daß man sich genau darüber klar wird, was an jedem Tag erledigt werden muß. Ein Schritt daraufhin ist, sich am Ende eines jeden Tages hinzusetzen und eine To-do-Liste für den folgenden Tag zu erstellen. Bringen Sie diese Liste im Gebet vor den Herrn, um Aufschluß darüber zu bekommen, ob Sie noch etwas hinzufügen sollten und um sich von Gott die Prioritäten zeigen zu lassen. Sie werden viel Zeit sparen, wenn Sie sich auf zuvor festgelegte Aktivitäten konzentrieren. Das wird Sie davor bewahren, sich permanent ablenken zu lassen.

Vor vielen Jahren sprach Charles Schwaab, einer der berühmtesten amerikanischen Industriellen, den Managementberater Ivy Lee an: „Mr. Lee, ich möchte mehr Dinge erledigen können und bin bereit, Ihnen dafür einen angemessenen Preis zu zahlen." Mr. Lee zog eine kleine Karteikarte aus der Tasche und überreichte sie Mr. Schwaab. „Ich bitte Sie, die Dinge, die morgen getan werden müssen, hier in der Reihenfolge ihrer Wichtigkeit aufzuschreiben. Wenn Sie morgen mit der Arbeit anfangen, bitte ich Sie, mit Nummer eins zu beginnen und so fortzufahren, bis alles erledigt ist. Legen Sie am Ende des Tages eine neue Liste an. Probieren Sie dieses System so lange aus, wie Sie wollen, und lassen Sie es dann auch Ihre Mitarbeiter probieren. Beurteilen Sie die Sache selbst und schicken Sie mir dann einen Scheck über den Betrag, den Ihnen das Ganze wert ist."

Einige Wochen später erhielt Mr. Lee einen Scheck über 25.000 Dollar. *Sie* erhalten diese Information für den Preis dieses Buches!

Die 80:20-Regel

Die sogenannte 80:20-Regel besagt, daß wir im Durchschnitt mit etwa 20 Prozent unseres Krafteinsatzes 80 Prozent der Ergebnisse erzielen. Auch im Blick auf Spenden läßt sich diese Gesetzmäßigkeit nachweisen: Ungefähr 20 Prozent der Leute bringen 80 Prozent des gesamten Spendenaufkommens auf. Untersuchen Sie Wirtschaftsbetriebe, und Sie werden feststellen, daß auch hier 20 Prozent der Verkäufer 80 Prozent des gesamten Verkaufsvolumens erwirtschaften.

Wir müssen herausfinden, um *welche* 20 Prozent es sich handelt, die für 80 Prozent unseres Erfolgs verantwortlich sind. Wir müssen ständig fragen: Was sind die wenigen wirklich wichtigen Dinge, die getan werden müssen? Diese Bereiche werden von Situation zu Situation verschieden sein. Die Umstände und Bedürfnisse werden sich immer wieder ändern.

Halten Sie sich wenigstens einen Tag in der Woche frei. Untersuchungen haben gezeigt, daß die größte Produktivität bei einem Rhythmus von sechs Tagen Arbeit und einem Tag Ausruhen zu erzielen ist. Kennzeichnen Sie Ihren Ruhetag mit roter Tinte, und halten Sie ihn heilig. Lassen Sie nie zu, daß Arbeit diesen Tag der Ruhe und Entspannung mit der Familie verdrängt.

Will man ein effektiver christlicher Leiter werden, führt kein Weg daran vorbei, sich Prioritäten zu setzen und einen Kalender zu führen, in dem die Termine diese Prioritäten widerspiegeln. Wenn Sie wissen, wo Ihre Prioritäten liegen und warum Sie das tun, was Sie tun, werden Sie mit Unterbrechungen besser zurechtkommen. Wenn Sie sich von Gott leiten lassen, werden Sie erkennen, ob die Unterbrechung berechtigt ist oder nicht. Fragen Sie täglich im Gebet nach Gottes Willen. Und entscheiden Sie im Gebet, ob

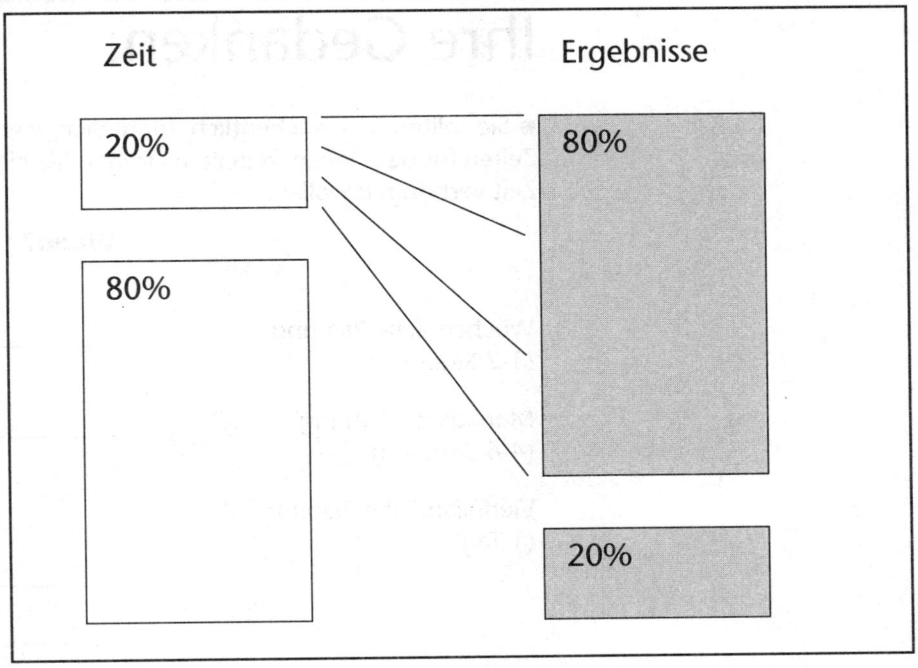

Abb. 8: Mit 20 Prozent der Zeit erzielen Sie 80 Prozent der Ergebnisse

Sie auf eine Unterbrechung reagieren sollten oder nicht. Bitten Sie Gott, Sie zu unterweisen, wie Sie Ihre Zeit einteilen sollen.

Die „Warnlampen" beachten

Der Schlüssel zum Erfolg besteht in langfristiger Zielsetzung und der Ausrichtung der täglichen Arbeit auf diese Ziele. Wenn Sie sich Zeit nehmen, um zu planen und Prioritäten zu setzen, müssen Sie auch Zeit mit Gott verbringen, um herauszufinden, was sein Wille für Sie ist. Wenn Sie den Willen Gottes erkennen, wird Planung zu einem geistlichen Prozeß.

Planung ermöglicht Ihnen, eine Vision dafür zu gewinnen, was Sie nach Gottes Willen tun sollen. Wenn Sie eine lebendige, wachsende Gemeinde leiten wollen, müssen Sie regelmäßige Zeiten für Planung festhalten. Reservieren Sie ein paar Stunden pro Woche für diese Aufgabe. Nehmen Sie sich zusätzlich einen halben Tag im Monat, einen Tag im Vierteljahr und eine zwei- bis dreitägige Retreat pro Jahr für den Prozeß der Zielsetzung und Planung.

Bei jedem Auto sind eine Reihe von Warnlämpchen auf dem Amaturenbrett angebracht. Wenn während der Fahrt plötzlich die Temperaturanzeige aufleuchtet, zeigt Ihnen das, daß es irgendwo ein Problem gibt. Nun könnten Sie anhalten, den Kofferraum öffnen, den Werkzeugkasten herausholen, einen Hammer suchen, die Temperaturanzeige damit zertrümmern und sagen: „So, das wäre erledigt!" Doch nach spätestens weiteren 10 Kilometern wäre in einem solchen Fall ein neuer Motor fällig.

Genau wie die Temperaturanzeige sollte Druck für Sie ein Warnsignal sein. Die Anzeige selbst ist nicht das Problem. Sie weist lediglich auf ein größeres Problem hin. Druck ist ein Signal dafür, daß man langsamer machen, planen und Prioritäten setzen muß.

Ihre Gedanken:

• Sie sollten sich wöchentlich, monatlich, vierteljährlich und jährlich feste Zeiten für das Planen freihalten. Tragen Sie hier ein, wann und wo Sie diese Zeit verbringen wollen:

	Wann?	**Wo?**
Wöchentliche Planung (1-2 Stunden)	______	______
Monatliche Planung (4-6 Stunden)	______	______
Vierteljährliche Planung (1 Tag)	______	______
	______	______
	______	______
	______	______
Jährliche Planung (2-3 Einkehrtage)	______	______

Lernen Sie, nein zu sagen

Interessanterweise bereitet es den meisten Menschen, insbesondere beziehungsorientierten Leitern, große Schwierigkeiten, eines der kleinsten Wörter zu benutzen. Sie müssen es lernen, dieses Wort liebevoll aber entschlossen auszusprechen: „Nein." Sie *können* nicht alles tun! Respektieren Sie Ihr menschliches Begrenztsein und sagen Sie um Ihrer Familie, der Gemeinde und Ihrer selbst willen nein. Wenn man zu einer Sache nein sagt, sagt man damit gleichzeitig zu etwas anderem ja.

Ihre Gedanken:

• Schauen Sie sich einmal diejenigen Termine bzw. Verpflichtungen an, die Sie innerhalb der nächsten 7 Tage übernommen haben. Überprüfen Sie jeden einzelnen anhand der folgenden vier „Entlastungsfragen":

Entlastungfragen	Maßnahmen
1. Warum *überhaupt?*	Eliminieren
2. Warum gerade *ich?*	Delegieren
3. Warum ausgerechnet *jetzt?*	Terminieren
4. Warum in *dieser Form?*	Rationalisieren

Delegieren!

Verfallen Sie nicht dem Irrtum, Sie müßten alles selber tun. Gott hat Sie so ausgerüstet, daß Sie einige Dinge besonders gut können. Wenn Sie für bestimmte Dinge nicht begabt sind, gibt es andere, die gerade das gut können. Ziehen Sie den größten Nutzen aus Ihrer Zeit, indem Sie diese Aufgaben und Verantwortlichkeiten an andere delegieren.

Ihre Gedanken:

- Ein ganzes Kapitel dieses Arbeitsbuches ist der Frage gewidmet, wie das Delegations-Prinzip praktisch werden kann (Seiten 97-108). Sie können sich mit unserem „Delegations-Formular" (siehe Arbeitsblatt 11, Seite 153) vertraut machen, indem Sie es im Blick auf die Aktivitäten, die innerhalb des nächsten Vierteljahres vor Ihnen liegen, ausfüllen.

Erledigen Sie zusammengehörige Aktivitäten am Block

Dieses Prinzip wird Ihnen helfen, Ihre Konzentration zu schärfen und in weniger Zeit mehr zu erledigen. Fassen Sie beispielsweise alle Ihre Telefonate zusammen. Erledigen Sie sie hintereinander. Überdenken Sie jedes Gespräch im voraus, um sicher zu gehen, daß alle wichtigen Punkte abgehandelt werden.

Fassen Sie alle Besorgungen zusammen. Wenn Sie einmal unterwegs sind, versuchen Sie, *alle* nötigen Besorgungen zu machen. Nehmen Sie sich zuvor Zeit, um sich eine Route zu überlegen, die möglichst sinnvoll ist.

Beschäftigen Sie sich nur *einmal* mit der Post. Sie sollten noch nicht einmal einen Blick auf die Post verschwenden, bevor Sie nicht auch die Zeit haben, Sie zu erledigen. Napoleon ließ seine Briefe gewöhnlich drei Wochen lang liegen, bevor er Sie öffnete, weil er der Meinung war, daß sich die meisten Probleme in dieser Zeit von selbst lösen würden. Ich möchte dieses Verfahren nicht unbedingt empfehlen; wer von uns hätte auch schon die Willenskraft, derartig stur zu sein? Aber lesen Sie Ihre Post nie öfter als einmal.

Standardisieren Sie Ihren wöchentlichen Zeitplan. Je stabiler Ihr Wochenplan ist, desto effizienter können Sie arbeiten. Beispielsweise sollte ein Pastor seine Predigtvorbereitungen nicht dann und wann in kleinen Einzelteilen treffen, sondern einen festen Zeitrahmen in seinem Kalender dafür reservieren. Je mehr ihm das zur Routine wird, desto produktiver wird er arbeiten können.

Ihre Gedanken:

- Um dieses Prinzip fest zu „institutionalisieren", ist es hilfreich, eine „Standardwoche" zu entwickeln, aus der ersichtlich ist, in welcher Zeit Sie die immer wiederkehrenden Verpflichtungen erledigen wollen. Auf dieser Seite sehen Sie ein Beispiel für eine solche Standardwoche. Mit Hilfe von Arbeitsblatt 2 (Seite 135) können Sie *Ihre* Standardwoche entwickeln.

Arbeitsblatt 2:

Wochenplanung

	Mo	Di	Mi	Do	Fr	Sa	So
5.00							
6.00							
7.00							
8.00	Studium	Studium	Studium	Studium			
9.00							Gottesd.
10.00							
11.00	Büro	Besuche	Besuche	Büro			
12.00							
13.00							
14.00	Krankenb.	Seelsorge	Seelsorge	Seelsorge	FREI	FAMILIE	
15.00							
16.00							
17.00							
18.00			zu Hause				
19.00	Mitarbeit.	Gebetskr.		Predigt-vorber.			Gottesd.
20.00							
21.00							
22.00							

Abb. 9: Beispiel für die „Standardwoche" eines Pastors

Organisieren Sie Ihre Ablage

Viele unter uns verfahren nach dem *Heurekasystem*. Es versetzt uns in solches Erstaunen, wenn wir etwas wiederfinden, daß wir laut „Heureka! Ich hab's gefunden!" rufen.

Ein Blick in meine Garage zeigt, daß ich dort dieses System konsequent anwende. Aus purem Eigeninteresse mußte ich mich aber besser organisieren. Da ich von meiner Persönlichkeit her nicht dazu veranlagt bin, jedem Detail Beachtung zu schenken, muß ich hart daran arbeiten. Aber wenn ich das nicht täte, würde mir das noch größere Probleme bereiten als die, die ich jetzt schon habe!

Eine weitverbreitete irrige Ansicht besagt, daß Ablagen dazu da sind, Dinge zu sammeln. Nichts wäre ein größeres Mißverständnis. Ablagen sind dazu da, daß man etwas wiederfinden kann. Gewöhnlich braucht man um so mehr Zeit, etwas wiederzufinden, je schneller man es in die Ablage getan hat. Wenn Sie etwas zu schnell ablegen, werden Sie es nie mehr wiederfinden, weil Sie in der Zwischenzeit vergessen haben, unter welchem Titel oder welcher Kategorie Sie es abgelegt haben. Man kann davon ausgehen, daß man ein angemessenes Ablagesystem hat, wenn man nach dem zweiten oder dritten Griff das gefunden hat, was man sucht. Wenn Sie länger als fünf Minuten brauchen, um bestimmte Unterlagen zu finden, müssen Sie an Ihrem System arbeiten.

Praktische Vorschläge

Die Organisation der Ablage ist individuell verschieden, und niemand kann Ihnen das „perfekte" Ablagesystem bieten. Wenden Sie das System an, das sich im Blick auf Ihre Bedürfnisse bewährt. Ich möchte Ihnen nur einige Vorschläge machen:

a. Entwickeln Sie datierte Ablagen. Vermerken Sie auf Notizen, Briefen und Dokumenten, wann Sie sie bearbeiten wollen und ordnen Sie sie dann unter dem jeweiligen Datum oder Monat ein. Wenn es soweit ist, können die Dinge von Ihnen oder Ihrer Sekretärin herausgeholt werden. Dies ist sehr hilfreich für Angelegenheiten, die periodisch immer wiederkehren.

b. Planen Sie Ihre Predigten, Bibelarbeiten etc. im voraus. Wenn Sie etwas lesen und Abschnitte daraus im Zusammenhang mit einem bestimmten Thema interessant finden, können Sie es zur Predigtablage tun. Wenn es dann an der Zeit ist, die Predigt vorzubereiten, stehen Ihnen bereits verschiedene Quellen zur Verfügung, aus denen Sie Illustrationen und weiterführende Informationen schöpfen können.

c. Wenn Sie bei einem umfassenden Projekt mit vielen verschiedenen Personen zu tun haben, können Sie die Ablage eher thematisch als nach Personen ordnen.

d. Wenn Sie keinen Bezug zu einem alphabetischen System finden, können Sie versuchen, nach Nummern zu ordnen.

Grundsätzlich kann man sagen: Solange Sie bei einer Sache nicht wissen, worunter Sie sie einordnen können, sollten Sie sie noch nicht ablegen.

Sichten Sie Ihre Akten und Ihre Bibliothek alle zwei Jahre. Ich nehme dabei alle Bücher, die ich nicht benutze, heraus. Ich schenke sie interessierten Gemeindegliedern für ihre Bibliothek. Meine Bibliothek hat auf die gleiche Weise ihren Anfang genommen. Außerdem vernichte ich die Akten, die keine Bedeutung mehr haben.

Ihre Gedanken:

- Nach welchem System haben Sie Ihre Ablage organisiert?

- Was sollte an diesem Ablagesystem verbessert werden?

- Wann werden Sie sich einen Tag Zeit nehmen, um Ihr Ablagesystem zu überarbeiten?

Benutzen Sie ein Zeitplanbuch

Das wichtigste Wort in diesem Satz ist *benutzen*. Ich empfehle ein System, das die folgenden Komponenten in einem Buch von angemessener Größe vereinigt:

a. *Kalendarium* – damit können Sie Ihre Termine überblicken.

b. *To-do-Listen* – wichtig ist, daß das Zeitplanbuch dabei hilft, zwischen „Terminen" und „Tätigkeiten" zu unterscheiden: Termine gehören ins Kalendarium, Tätigkeiten auf die To-do-Liste.

c. *Tägliche Aktivitäten* – hier wird der Zeitplan und die To-do-Liste auf einer Seite kombiniert. Wer diesen Teil regelmäßig benutzt, wird nie eine Verabredung vergessen oder ein wichtiges Detail übersehen.

d. *Projekt-Planer* – er hilft Ihnen beim Entwickeln von Strategien zur Erreichung Ihrer Ziele. Mit Hilfe dieser Bögen können Sie mehrere Projekte gleichzeitig planen, ohne durcheinander zu kommen.

e. *Gesprächstagebuch* – mit ihm können Sie Ihre Informationen so organisieren, daß Sie wichtige Dinge schnell nachschlagen können. Ihre Mitmenschen werden erstaunt sein, einen wie guten Überblick Sie haben. Sie können das Gesprächstagebuch für Sitzungen, Verabredungen und sogar für seelsorgerliche Aufzeichnungen benutzen.

f. *Adreß- und Telefonverzeichnis* – auf diese Weise befindet sich das Verzeichnis da, wo es sein sollte, nämlich immer griffbereit.

Ich rate Ihnen dringend, sich ein geeignetes Zeitplanbuch zuzulegen. Empfehlenswert ist das „tempus-Zeitplanbuch" (Bezug über tempus, Postfach 1309, W-7928 Giengen).

Abb. 10: Tagesübersicht mit Hilfe des tempus-Zeitplanbuches

Ihre Gedanken:

- Nach welchem Zeitplansystem arbeiten Sie?

Kapitel 4:

Vom Ziel zum Aktionsplan

Visionen entwickeln, Ziele setzen, Pläne schmieden, den Erfolg kontrollieren – manche betrachten solche Leitungsfähigkeiten als eine Art „Geheimwissen". In diesem Kapitel wird indessen deutlich, daß es sich in allen diesen Bereichen um ganz praktisches „Handwerkszeug" handelt, das jeder erlernen kann.

Wie Sie sich Ziele setzen

Was macht Ihre Gemeinde für andere attraktiv? Was könnten die Gründe dafür sein, daß andere gerne zu Ihnen kommen? Schreiben Sie hier einmal fünfzig mögliche Gründe auf. Berücksichtigen Sie dabei alle Angebote, die es in Ihrer Gemeinde gibt.

1. ______________________
2. ______________________
3. ______________________
4. ______________________
5. ______________________
6. ______________________
7. ______________________
8. ______________________
9. ______________________
10. ______________________
11. ______________________
12. ______________________
13. ______________________
14. ______________________
15. ______________________
16. ______________________
17. ______________________
18. ______________________
19. ______________________
20. ______________________
21. ______________________
22. ______________________
23. ______________________
24. ______________________
25. ______________________
26. ______________________
27. ______________________
28. ______________________
29. ______________________
30. ______________________
31. ______________________
32. ______________________
33. ______________________
34. ______________________
35. ______________________
36. ______________________
37. ______________________
38. ______________________
39. ______________________
40. ______________________
41. ______________________
42. ______________________
43. ______________________
44. ______________________
45. ______________________
46. ______________________
47. ______________________
48. ______________________
49. ______________________
50. ______________________

Überdenken Sie nun das Ergebnis Ihrer Notizen. Fiel es Ihnen *leicht*, fünfzig Gründe zu finden? Was für ein Gefühl haben Sie, wenn Sie Ihre Liste betrachten? Vielleicht gibt es ganze Bereiche, in denen Sie keinerlei Angebote machen, oder andere Arbeitsbereiche sind stark verbesserungsbedürftig. Fragen Sie sich, ob es nicht Bereiche gibt, die allzu stark betont werden. Deckt Ihre Gemeinde unterschiedliche Altersgruppen ab, oder beschränkt sie sich auf einige wenige?

Hat Ihnen die Liste dessen, was Ihre Gemeinde attraktiv macht, dazu verholfen, Ihre Angebote einmal aus der Perspektive eines Besuchers zu sehen? Hilft sie Ihnen zu erkennen, wo Ihre Prioritäten liegen? Sollten Sie Ihre Programme abwechslungsreicher gestalten?

Die Frage der Motivation

Häufig kommen Menschen nicht der „richtigen" Gründe wegen in die Gemeinde. Sie kommen, weil sie verletzt, verzweifelt oder stolz sind – oder aus allen möglichen anderen Motiven. Der Prozeß der Veränderung kann Jahre dauern. Aber bis sich diese Menschen verändern und eine bessere Motivation annehmen, sollten Sie liebevoll auf sie eingehen. Diese Menschen kommen auch mit der Hoffnung, daß Sie ihnen etwas Besseres geben können.

Zachäus stieg nicht nur auf den Baum, um Jesus zu Gesicht zu bekommen; er stieg wahrscheinlich vor allen Dingen deswegen hinauf, um zu sehen, was es mit dem Menschenauflauf auf sich hatte. Aber am Ende gab er ein Mahl für Jesus! Wir sollten nicht zu vorschnell Menschen aufgrund der „falschen" Motivation zurückweisen, sondern damit rechnen, daß Gott an ihnen arbeiten wird, um ihre Motivation zu verändern.

Die meisten wachsenden Gemeinden haben ein klares Bild davon entwikkelt, was sie nach Gottes Plan tun sollen. Um dieses Ziel zu erreichen, laden sie sich keine Programme auf, die nur wenig mehr hervorbringen als bloßen Aktivismus. Statt dessen entwickeln sie Aufgabenbereiche, die helfen, ihre Ziele zu erreichen. Und sie haben den Mut, ganze Aufgabenbereiche sterben zu lassen, wenn diese nicht dazu beitragen, sie ihren Zielen näherzubringen.

Ted Engstrom sagt: „Ziele sind Geschehnisse der Zukunft. Darum ist ein Ziel für die christliche Organisation ein *Akt des Glaubens*." So lange, wie Ihnen ein konkreter Aktionsplan fehlt, bleibt Ihr Ziel nicht mehr als ein Traum. Aber ein Ziel plus ein Plan plus Aktion – das ist Realität!

Wenn Sie zu planen beginnen, sollten Sie Ihre Ziele nicht als etwas sehen, was nun für alle Zeiten in Stein gemeißelt wäre. Da sich Menschen, Bedürfnisse und Umstände verändern, sollten Sie alle Ihre Pläne sehr flexibel handhaben, denn sonst werden Sie Frustration erleben und weniger Erfolg haben als die, die Veränderungen zulassen und sich darauf einstellen.

Schritt 1: Träumen Sie von der Zukunft

Mindestens einmal im Jahr nehme ich mir gemeinsam mit meiner Frau einige Tage, an denen wir wegfahren, nur um auf Gottes Wegweisung für unser Leben zu hören. Da ich ein aktiver, zielorientierter Mensch bin, nehme ich mir zuerst genügend Zeit, um abzuschalten und ruhig zu werden. Dann verbringe ich einige Zeit mit Gebet und Bibelstudium, um mich anschließend darauf zu konzentrieren, mit Gottes Hilfe die Planung anzugehen. Häufig nehme ich einen Notizblock zur Hand und fange einfach an zu schreiben. Ich notiere kurz die Dinge, von denen ich denke, daß Gott sie möglicherweise in meinem Leben, im Leben unserer Familie und in meinem zukünftigen Dienst geschehen lassen möchte. Manchmal gruppiere ich diese Ideen in Blöcken, dann wieder verteile ich die Ideen quer durcheinander auf dem ganzen Papier. Am Ende spreche ich mit Janet, meiner Frau, darüber. In diesen Zeiten geschieht es, daß Gott wirklich zu uns redet und uns mitteilt, was er von uns möchte.

Wie möchten Sie, daß Ihr Dienst in drei bis fünf Jahren aussieht? Wie in zehn? Wie groß soll dann die Zahl der Gottesdienstbesucher sein? Welche neuen Dienste würden Sie bis dahin gerne neu aufgebaut sehen? Welche Bereiche Ihres Dienstes müssen verbessert werden?

Nicht nur an die Gemeinde denken

Während Sie planen, sollten Sie nicht nur an die Belange Ihres Dienstes denken, sondern auch an Ihr persönliches Leben, das Familienleben und Ihr eigenes geistliches Leben. Setzen Sie sich in jedem Bereich Ziele.

Seien Sie während Ihres Brainstormings nicht besorgt, daß Sie zu viele Bereiche auflisten könnten. Sie können Ihre Liste immer noch kürzen. Die Bewertung kommt später. Auch sollten Sie nicht zu schnell über den Wert einer Idee urteilen – Gott kann das Unmögliche möglich machen!

So wichtig es ist, andere Menschen in die eigenen Denkprozesse mit hineinzunehmen – tun Sie dies erst in einer späteren Phase Ihrer Planung. Erst *nachdem* Sie die Ziele in groben Zügen skizziert haben, sollten Sie andere Christen hinzuziehen. Wenn es um außergewöhnliche Ideen geht, sollten Sie anschließend so viel Rücklauf wie möglich von denen bekommen, die von Ihren Entscheidungen persönlich betroffen sind. Lassen Sie sie bei der Ausgestaltung der Ziele mitarbeiten.

Wie absurd wäre es, mit solchen Planungsprozessen ein langweiliges, weltliches, ungeistliches Management-Instrument zu assoziieren! In Wirklichkeit schafft es uns die Möglichkeit, mit Gott selbst in Verbindung zu treten und zu entdecken, was er für unsere Zukunft möchte. Machen Sie das Beste daraus!

Ihre Gedanken:

● Schreiben Sie hier einmal auf, was Ihre Träume sind – für Ihr persönliches Leben, für Ihr geistliches Leben, für Ihre Gemeinde. Malen Sie sich aus, wie Ihr Leben in fünf, zehn oder zwanzig Jahren aussehen sollte. Vielleicht ist es notwendig, daß Sie sich einige Zeit nehmen, in der Sie die Alltagssituation vergessen, um neu träumen zu lernen.

Persönlich/ Familie: ______________________________

____

____

____

____

____

____

Geistliches Leben: ______________________________

____

____

____

____

____

____

____

Beruf/Gemeinde: ________________________________

____

____

____

____

____

____

____

Schritt 2: Setzen Sie sich Glaubensziele

Für den Gläubigen ist ein Ziel immer eine Glaubensaussage – es sagt etwas über unsere Zukunftshoffnung aus. Bitten Sie Gott, Sie zu führen, während Sie die Aufgabe angehen, für Ihr Leben und Ihren Dienst Ziele zu setzen; gehen Sie dann im Glauben los und setzen Sie sich Ziele, die sowohl übernatürlich als auch realistisch sind.

Übernatürlich: Setzen Sie die Ziele hoch genug an, damit Gott wirklich durch Sie und Ihre Gemeinde arbeiten muß, wenn Sie Ihr Ziel erreichen wollen. Geben Sie anderen Anlaß dazu, daß sie sagen müssen: „Nur Gott kann dies getan haben!" Setzen Sie Ihre Erwartungen so hoch, daß Sie *gezwungen* sind, Ihren Glauben zu aktivieren.

Realistisch: Sorgen Sie gleichzeitig dafür, daß Ihre Ziele realistisch bleiben, indem Sie sie so formulieren, daß die Ergebnisse meßbar sind (wenn Sie sie nicht messen können, handelt es sich lediglich um gute Wünsche oder nette Absichten).

Ich habe in meinem Dienst herausgefunden, daß Gott viel mehr Interesse hat, uns zu helfen, als wir uns bewußt machen! Obwohl ich dazu neige, zu überschätzen, was ich in einem Jahr bewerkstelligen kann, sind meine Drei- bis Fünfjahresziele oft Unterschätzungen dessen, was dann wirklich geschieht. Ich muß die Ziele meines Einjahresplanes erreichen, aber auch einen Drei- oder Fünfjahresplan entwerfen, der mich und die Gemeinde in ausreichendem Maße herausfordert. Und immer hilft mir Gott dabei, innerhalb eines längeren Zeitraums mehr umzusetzen, als ich mir vorher hätte vorstellen können.

Ihre Gedanken:

- Nehmen Sie sich einen Ihrer „Träume", die Sie im letzten Abschnitt aufgeschrieben haben, vor. Erscheint Ihnen die Realisierung derzeit noch unrealistisch? Dann schreiben Sie auf, welche konkreten Ziele Sie sich im Blick auf diesen Traum für diesen Monat, für dieses Jahr und für eine Fünf-Jahres-Epoche setzen. Notieren Sie außerdem, wie Sie überprüfen wollen, inwieweit diese Ziele erreicht worden sind.

Mein Traum:

____

____

____

____

Konkrete Ziele	**Art der Überprüfung**
in einem Monat:	
____________________	____________________
____________________	____________________
____________________	____________________
____________________	____________________
in einem Jahr:	
____________________	____________________
____________________	____________________
____________________	____________________
____________________	____________________
in fünf Jahren:	
____________________	____________________
____________________	____________________
____________________	____________________
____________________	____________________

Schritt 3: Setzen Sie Prioritäten

Wenn Sie ein gründliches Brainstorming vorgenommen haben, wird Sie spätestens jetzt die Erkenntnis überwältigen, daß Sie und Ihre Mitarbeiter gar nicht in der Lage sind, alle Ziele umzusetzen. Aber geben Sie nicht auf!

Benutzen Sie das Arbeitsblatt 3 (Seite 137). Sie können auf dieser Seite Ihre Ziele auflisten und dann eine Reihenfolge erstellen, in der Sie diese umsetzen wollen. Notieren Sie für jedes Ziel ein Enddatum, an dem Sie es erreicht haben wollen (dies wird Ihnen helfen, zu jedem einzelnen Punkt eine Priorität festzulegen). Ob Ihnen nun irgendjemand anders einen Endtermin gesetzt hat oder Sie selbst: Das Zieldatum wird Sie dazu zwingen, die Erfüllung Ihrer Aufgabe mit noch mehr Eifer anzugehen.

Da Sie nur begrenzte Ressourcen haben, müssen Sie bei jedem Ziel Prioritäten setzen. Wenn sich die Möglichkeit ergibt, sollten Sie sich jeweils auf die Planung und Umsetzung von einem Ziel konzentrieren, in absteigender Folge der Prioritäten. Wenn Sie alle erreichen können, wunderbar! Wenn nicht, werden Sie zumindest die wichtigsten erreicht haben.

Ihre Gedanken:

- Um sich klar darüber zu werden, wo Ihre derzeitigen Prioritäten liegen, nehmen Sie sich die gemeindlichen Ziele, die Sie sich für das nächste Jahr gesetzt haben, vor. Tragen Sie sie zunächst in das Arbeitsblatt 3 (Seite 137) ein. Dann bewerten Sie alle Ziele nach Ihrer Wichtigkeit, indem Sie sie fortlaufend numerieren.

Arbeitsblatt 3:

Prioritäten

Von	Bis
1. Januar 1992	31. Dezember 1992

Priorität	Erledigt bis	Ziele
3	12/92	Alle Gemeindeglieder haben ihre Gaben entdeckt
4	12/92	50 % der Gemeindeglieder kennen ihre „erweiterten Familien" und beten regelmäßig für sie
5	10/92	Evangelisations-Team nimmt seine Arbeit auf
6	9/92	2. Gottesdienst beginnt
7	9/92	Hauptamtliche für Hk-Arbeit
1	1/92	Täglich min. 2 Std. für Bibelstudium und Gebet
2	1/92	Samstage konsequent für Familie freihalten

Abb. 11: Dieses Arbeitsblatt hilft Ihnen, inmitten der vielen Verpflichtungen Prioritäten zu setzen

Schritt 4: Entwickeln Sie für jedes Ziel Aktionspläne

Genauso wie Ihre Ziele meßbar sein müssen, gilt dies auch für Ihre Aktionspläne. Sie müssen entscheiden, *was* Sie tun wollen, *wann* Sie es tun werden, *wer* es tun wird, *wie* es bewerkstelligt werden kann und *welche* Quellen Sie dazu benötigen werden. Der nächste Abschnitt wird Ihnen dabei helfen.

Oft werden Menschen der Faulheit bezichtigt, wenn sie ihre Ziele nicht erreicht haben. Aber das, was wir „Faulheit" nennen, hat nicht unbedingt etwas mit einer Unwilligkeit zu tun, hart zu arbeiten. Einige Sozialpsychologen nehmen an, daß das, was als Faulheit erscheint, oftmals nichts anderes als die Folge des Umstandes ist, daß eine Person in dem Konflikt gefangen ist, zu viele Dinge gleichzeitig tun zu müssen.

Zu allen Zeiten haben Menschen organisatorische Aufgaben in logischer Reihenfolge erledigt. Denken Sie nur an die ägyptischen Pyramiden! Die Erbauer dieser Weltwunder hatten ein klar ausgearbeitetes Konzept, was genau zu welcher Zeit zu geschehen hatte. Oder – um ein zeitgemäßeres Beispiel zu nennen – schauen Sie sich die Brücken an, über die wir täglich fahren. Sie entstehen nicht von allein. Jemand plante sie und organisierte die Arbeit, indem er dafür sorgte, daß das jeweils benötigte Material zum richtigen Zeitpunkt angeliefert wurde und jeweils die erforderlichen Fachkräfte zur Stelle waren. Wenn irgendein Schritt zur falschen Zeit erfolgt, kann das geradezu traumatische Folgen haben.

Stellen Sie sich vor, jemand würde Güter über eine noch nicht fertiggestellte Brücke transportieren. Das wäre in der Welt *die* Schlagzeile! Unglücklicherweise halten es zu viele Gemeinden für die normalste Sache der Welt, ein solches Verfahren zu tolerieren.

Kein Projekt verläuft reibungslos. Aber es ist weitaus besser, mögliche Konflikte bereits in der Planungsphase zu durchdenken, als erst dann, wenn wir bereits mitten in der Durchführung sind. Wir müssen klar wissen, wohin die Reise gehen soll, *bevor* wir ins Auto steigen. Manche meinen zwar, so lange sie genug Zeit und Benzin haben, werden sie schon irgendwie ihr Ziel erreichen, auch ohne daß sie sich zuvor eine Route ausgearbeitet haben. Aber ein solches Verfahren erfordert eine äußerst tolerante Reisegruppe (und es bleibt zu hoffen, daß unsere Gemeindeglieder *diese* Art von Toleranz nicht haben!).

Um Ihre Ziele in Aktionspläne umzusetzen, möchten wir Ihnen zwei Hilfsmittel empfehlen: das „Wasserfall-Diagramm" und den „Projekt-Planer".

Das Wasserfall-Diagramm

Die meisten Leiter unterschätzen gewöhnlich die Zeit, die für die Bearbeitung eines Projektes benötigt wird. Sie starten heute vielleicht ein 15-Monats-Projekt – und erwarten, daß es bereits morgen fertiggestellt ist. Indem Sie sich für Ihre Projekte ein „Wasserfall-Diagramm" anlegen, bekommen Sie einen realistischen Blick für den tatsächlichen Zeitaufwand, den ein Projekt erfordert.

Schauen Sie sich das folgende Beispiel an (Abb. 12). Hier geht es darum, eine neue, bewußt evangelistisch ausgerichtete Kleingruppe aufzubauen. Das ist nicht etwas, was von heute auf morgen entsteht. Für ein solches Vorhaben muß ein Bewußtsein geschaffen, die geeigneten Leiter müssen ausfindig gemacht und geschult werden. Wenn Sie alle diese Teilschritte aufschreiben, vermerken Sie in den rechten Spalten, wieviel Zeit jeder Teilschritt benötigt. Jede Linie beginnt, nachdem der vorangegangene Schritt erledigt ist. Wenn Sie sich das so entstehende Diagramm anschauen, werden Sie auch den eigentümlichen Namen verstehen: Ist das Diagramm richtig erstellt, so ähnelt es der Form nach einem Wasserfall. Man kann sich vorstellen, wie das Wasser von links oben bis rechts unten fließt.

Arbeitsblatt 4:

Wasserfall-Diagramm

Ziele / Aufgaben (Monate)	Juni	Juli	Aug.	Sept.	Okt.	Nov.	Dez.	Jan.	Febr.	März	April		
Konzeption/Zielgruppe	—	*											
Zeitplan entwerfen		*											
Zustimmung der Gemeindeleitung		*											
Team aufbauen: Co-Leiter, Gastgeber etc.		*	*										
Team schulen/Zielgr. unters.			*	*									
Einladungsaktion				*									
Erstes Gruppentreffen				*									
kontinuierliche Treffen mit Team				*	—	*							
Co-Co-Leiter finden						*							
„Oikos-Beziehungen" wirken						*	*						
Konzept für Multiplikation							*						
Fest mit Freunden (Oikos)								*					
Schulung der neuen Leiter								*	—	*			
Gruppenteilung											*		

Abb. 12: Ein Wasserfall-Diagramm für die Gründung einer neuen, bewußt evangelistisch ausgerichteten Kleingruppe

Eine Warnung ist an dieser Stelle wichtig. Sie können nicht erwarten, daß in der Realität alles im Einklang mit der einmal festgelegten Netzplanung abläuft. Eine ständige Modifizierung der Pläne ist ein wichtiger Teil des Planungsprozesses. Sie müssen die Planung immer wieder den sich ändernden Umständen anpassen.

Der Projekt-Planer

Voraussetzung für die Benutzung des Projekt-Planers ist es, daß Sie klar umrissene Ziele haben. Eine Gemeinde, die Carl beriet, hatte sich als Ziel „Erhöhung des Gottesdienstbesuchs" gesetzt. Als Carl mit der Leiterin des Arbeitsbereichs „Sonntagsschule" sprach, fragte er sie: „Wie hoch ist der Gottesdienstbesuch momentan?"

„74 Menschen pro Woche", war ihre Antwort

„Und wie viele Menschen sollen den Gottesdienst besuchen?"

„Pro Woche 150."

„Was für Menschen sollen kommen, und wie viele Sonntagsschulklassen werden Sie für sie einrichten?"

„Wir werden zehn verschiedene Klassen beginnen, von denen sich eine auf jungverheiratete Paare spezialisieren wird."

Diese Leiterin hatte klare Ziele. Wenn ein bestimmtes Ziel nicht erreicht wurde, konnte das jeder unzweideutig nachprüfen und entsprechende Maßnahmen ergreifen.

Es ist hilfreich, für jedes Projekt einen Aktionsplan zu entwickeln, indem Sie folgende Schritte beachten:

1. Tragen Sie alle Schritte, die unternommen werden müssen, im Projekt-Planer ein.

2. Legen Sie eine Reihenfolge fest.

3. Setzen Sie für jeden Schritt einen definitiven Endtermin.

4. Delegieren Sie so viel wie möglich, indem Sie sich fragen: Was auf dieser Liste könnte jemand anders als ich tun?

5. Tragen Sie in Ihrem Kalender ein, wann das Projekt beginnen soll.

6. Kontrollieren Sie zwischendurch, ob Sie noch im Terminplan liegen.

7. Werten Sie den Prozeß aus.

Ihre Gedanken:

- Nehmen Sie sich ein Projekt, das Ihnen für den Gemeindeaufbau besonders am Herzen liegt, vor, und erstellen Sie anhand von Arbeitsblatt 4 (Seite 139) ein „Wasserfall-Diagramm". Haben Sie sich an diese Arbeitsweise erst einmal gewöhnt, wird es Ihnen in Zukunft relativ leicht fallen, einen realistischen Zeitrahmen für anstehende Projekte einzuplanen.

- Arbeitsblatt 5 (Seite 141) kann Ihnen als Projekt-Planer dienen. Nehmen Sie sich vor, die nächsten Projekte, die in Ihrer Gemeinde/Gruppe anstehen, anhand dieses Formblattes zu planen.

Arbeitsblatt 5:

Projekt-Planer

Projekt	Datum
Aktivierung passiver Gemeindeglieder	8.1.92

Ziel (überprüfbar!)
Alle Gottesdienstbesucher, die derzeit keine Aufgabe haben, werden ausfindig gemacht. Mit jedem findet ein pers. Gespräch statt. Bis Ende Mai sollen mind. 60 % von ihnen eine ihren Gaben gemäße Aufgabe haben.

Nr.	Aktionsplan	Wer?	Bis wann?
1	Mitglieder für Ausschuß sammeln	Dirk	25.1.
2	Liste aller nicht aktiven Gottesdienst-Bes. aufstellen	Claudia	5.3.
4	Ausschuß-Mitglieder für pers. Gespräche schulen	Rainer	20.3.
3	Liste benötigter Aufgaben + Aufgaben-Beschreibungen	Brigitte	5.3.
5	Gespräche mit „Inaktiven"	Rainer	30.4.
6	„Follow-up" durch Koordinatoren	Brigitte	15.5.

Abb. 13: Beispiel für die Arbeit mit dem Projektplaner

Kapitel 5:

Von Besprechungen, Sitzungen und Finanzen

Drei Stichworte, die manchem Leiter Unbehagen bereiten. Das muß aber durchaus nicht sein. Im folgenden Kapitel erfahren Sie, wie Sie diese und andere organisatorische Tätigkeiten für den Gemeindeaufbau nutzbar machen können.

Basis-wissen für jeden Leiter

Es gibt viele Christen, denen Gott weder die Gabe der Leitung noch die der Organisation gegeben hat. Diese Menschen sollten sich nicht zum Ziel setzen, Experten für Planung und Management zu werden. Sie würden auf diese Weise ihre Kräfte aufzehren und ihre wahren Stärken vernachlässigen. Für sie reicht es, sich im Blick auf Planung und Management ein gewisses Grundlagenwissen anzueignen.

Im zweiten Kapitel war von Sandy die Rede, die die Gabe des Hirtendienstes hat. An ihrem Beispiel kann man sehen, daß Effektivität im organisatorischen Bereich lernbar ist. Die Kenntnisse, die wir hier vermitteln wollen, gehören zum Basiswissen, das für jeden christlichen Leiter in allen Bereichen nützlich sein wird.

Neue Gewohnheiten entwickeln

Bei den folgenden Prinzipien ist es wichtig, daß Ihnen ihre Anwendung mehr und mehr zur Gewohnheit wird. Wenn das geschieht, werden Sie nach 1 bis 1 1/2 Jahren deutliche Veränderungen feststellen können. Sie werden weniger Streß haben ... mehr Zeit für die Familie ... eine größere Produktivität ... eine wachsende Befriedigung in der Arbeit ... und nicht zuletzt ein Leitungsteam, mit dem Sie effektiv zusammenarbeiten werden. Aber Sie müssen dort anfangen, wo Sie heute stehen – einen anderen Ausgangspunkt gibt es nicht!

Untersuchungen haben gezeigt, daß man drei bis vier Wochen benötigt, um mit einer schlechten Gewohnheit zu brechen – und weitere drei bis vier Wochen, um sich neue Verhaltensmuster anzugewöhnen. Beginnen Sie jetzt, mit Ihren schlechten Managementgewohnheiten zu brechen und neue zu erlernen. Dabei ist Ausdauer erforderlich – geben Sie nicht auf, bevor erreicht wurde, was Sie sich vorgenommen haben. Es lohnt sich.

Ich habe Spaß an sportlichen Aktivitäten und gehe gerne joggen. Aber wenn morgens um 5.40 Uhr der Wecker klingelt, bin ich meist nicht sonderlich motiviert, die warmen Federn zu verlassen, um mich der körperlichen Ertüchtigung zu widmen. Trotzdem gehe ich nun schon seit zwölf Jahren mindestens drei oder viermal pro Woche morgens Joggen. Während der letzten zehn Jahre bin ich meist deshalb so früh aufgestanden, weil ich mit meinem Freund John an der Ecke verabredet war. Schon häufig bin ich nur deshalb aufgestanden, um meinen Freund John nicht zu enttäuschen. Wenn ich gewußt hätte, daß auch John nur aufgestanden war, um mich nicht zu enttäuschen, dann wären wir beide wahrscheinlich im Bett liegen geblieben! Aber so haben wir es geschafft, uns das frühe Aufstehen und Joggen zur Gewohnheit zu machen.

Genauso müssen Sie Ihre neuen Managementgewohnheiten einüben. Versuchen Sie nicht, das alleine zu bewerkstelligen. Wenn man sich neue Verhaltensweisen angewöhnen will, braucht man Menschen, die dafür sorgen, daß man auf Kurs bleibt. Bedenken Sie: Auch wenn Sie ein Etappenziel nicht auf Anhieb erreichen, braucht Sie das nicht zu deprimieren. Es geht darum, *langfristige* Veränderungen zu erzielen.

Die folgenden Ideen können dazu dienen, im Blick auf Ihr Leitungsverhalten neue Gewohnheiten zu entwickeln.

Benutzen Sie ein Gesprächs-tagebuch

Ein Schlüssel zu effektiver Leiterschaft ist es, Einzelheiten aus der Interaktion mit anderen festzuhalten. Während Ihrer Besprechungen werden Sie immer auf einzelne Punkte stoßen, die bearbeitet werden müssen. Diese sollten Sie schriftlich festhalten.

Die meisten Menschen benutzen irgendwelche losen Zettel, um sich etwas aufzuschreiben. Die nehmen sie dann mit nach Hause und legen sie auf ihren Schreibtisch oder in irgendeine Ablage. Auf diese Weise werden sie die Notizen sehr leicht verlieren und ihre guten Vorsätze, etwas zu erledigen, niemals in die Tat umsetzen können.

Das Zeitplanbuch einsetzen

Eine Möglichkeit, sich Einzelheiten aus Besprechungen zu merken, ist die Benutzung eines Gesprächstagebuchs. Schreiben Sie nach jedem Gespräch auf eigens dafür vorgesehene Seiten in Ihrem Zeitplanbuch, was sich aus dem Gespräch als Arbeitsauftrag ergeben hat.

Führen Sie Ihr Zeitplanbuch immer mit sich. Wenn Sie mit einem Mitarbeiter zu Mittag essen und diese Person Ihnen während des Gesprächs verspricht, Ihnen am kommenden Sonntag oder Montag den Namen eines möglichen neuen Ausschußvorsitzenden zu sagen, dann tragen Sie auf der Seite mit den Erledigungen für Sonntag oder Montag ein: „XY will mir den Namen eines neuen Ausschußvorsitzenden mitteilen."

Wenn der betreffende am Sonntag daran denkt, Ihnen die Information zu geben, können Sie die Notiz auf dem Blatt durchstreichen. Aber wenn Herr XY es versäumt hat, mit Ihnen Kontakt aufzunehmen, werden Sie durch die Notiz daran erinnert und können sich ans Telefon setzen, um die Sache weiter zu verfolgen.

Wenn Sie auf diese Weise beständig die täglich anfallenden Aufgaben eintragen, werden Sie klüger wirken, als Sie in Wirklichkeit sind! Der Grund dafür ist, daß Sie über jede Einzelheit Bescheid wissen, und die Aufgaben, für deren Erledigung Sie selbst verantwortlich sind, immer vor Augen haben.

Vor einigen Jahren habe ich regelrecht mein Gedächtnis verloren. Ich konnte nachts nicht mehr schlafen, weil ich krampfhaft versuchte, mir all die Dinge, die ich am nächsten Tag zu erledigen hatte, zu merken. Obwohl ich wußte, daß 17 Dinge getan werden mußten, konnte ich mich an Nummer 15 nicht erinnern! Die einzige Möglichkeit, mich von diesem paranoiden Verhalten zu erlösen, war, mir alles aufzuschreiben!

Fünf praktische Schritte

Sie können sich ein solches Gesprächstagebuch ganz einfach erstellen, indem Sie folgende fünf Schritte beachten:

1. Schreiben Sie die Tagesordnungspunkte vor der jeweiligen Besprechung auf.

2. Tragen Sie Entscheidungen und wichtige Informationen ein.

3. Notieren Sie, bis wann die Dinge erledigt sein müssen.

4. Übertragen Sie diese Daten in Ihren Kalender.

5. Gehen Sie vor dem nächsten Treffen dieses Blatt noch einmal durch.

Arbeitsblatt 6:

Gesprächs-Tagebuch

Name	Adresse	Telefon
Edith Rau		146352

Datum	Thema und Reaktion	Zu erledigen
13.10.	1. Überprüfung der Vorbereitungen für das Schulungs-Wochenende - Ist Raum groß genug? - Ärger mit dem Referenten - Finanzierung des Wochenendes	Ich gebe E. bis 21.10. neue Vorschläge für Referenten
	2. Nächste Schritte planen	E. gibt mir am 21.10. Zeitplan
	3. Neuen Termin abmachen	28.10., 10.00
28.10.	Zeitplan überarbeiten wegen Arbeitsbüchern nachfragen	

Abb. 14: Beispiel für die Arbeit mit Hilfe eines Gesprächstagebuchs

Wenn Sie einen Projekt-Planer benutzen, können Sie jeweils den Beginn des Projektes, die einzelnen Zwischenstationen und den Abschluß in das Zeitplanbuch eintragen. Im Management und im geistlichen Dienst kommt es im wesentlichen darauf an, daß man ständig alle Einzelheiten im Auge behält. Ein guter geistlicher Dienst unterscheidet sich von einem durchschnittlichen dadurch, daß Kleinigkeiten nicht übersehen werden. Machen Sie sich den Gebrauch des Zeitplanbuches zur Lebensgewohnheit, und Ihre Lebensqualität wird sich steigern.

Ich nehme mein Zeitplanbuch praktisch überall mit hin; es gleicht einem tragbaren Büro! Ich habe mir sogar schon überlegt, ob ich mir nicht eine wasserdichte Version zulegen sollte, denn die besten Ideen kommen mir meistens unter der Dusche.

Wenn Sie Ihr Zeitplanbuch immer mit sich führen, können Sie Aktivitäten und Termine immer gleich eintragen. Das ist besser, als sie zunächst auf einen zerknitterten Zettel zu schreiben, den man dann irgendwo in der Jackentasche vergißt.

Ihre Gedanken:

- Setzen Sie ab der nächsten Besprechung regelmäßig das Gesprächstagebuch ein. Arbeitsblatt 6 (Seite 143) ist ein entsprechendes Formblatt, das Sie dabei benutzen können.

Lernen Sie, wie man Sitzungen effektiv leitet

Definieren Sie zunächst, worum es bei der Sitzung gehen soll. Was soll erreicht werden? Entscheiden Sie, wer teilnehmen soll. Die effektivste Größe für eine Arbeitsgruppe liegt zwischen vier und sieben Personen.

Legen Sie zuvor eine Tagesordnung fest. Zu jedem Punkt sollten Sie sich notieren, ob es dabei um Information, Diskussion oder Entscheidungen geht.

Kopieren Sie die Tagesordnung für jeden Teilnehmer. Legen Sie auf jeden Fall auch Beginn und Ende der Sitzung im voraus fest. Ehrenamtliche in der Gemeindeleitung beklagen oft, daß Sitzungen zu lange dauern. Viele Gemeindeglieder, besonders wenn es sich um Geschäftsleute handelt, wollen Sitzungen schnell durchziehen. Erziehen Sie sich dazu, sich selbst anzutreiben und jeden Punkt abzuhandeln, ohne sich an bestimmten Dingen festzubeißen.

Legen Sie die Tagesordnung so fest, daß die Punkte, deren Behandlung am anstrengendsten ist, zu Beginn der Sitzung verhandelt werden. Die kritischsten Entscheidungen sollten dann getroffen werden, wenn die Energien noch nicht verbraucht sind.

Planen Sie Zeit ein, in der Beziehungen gepflegt werden können. Menschen brauchen Zeit zum entspannten Beisammensein. In unseren Gemeindevorstandssitzungen sind die ersten 45 bis 60 Minuten für persönliche Interaktion und Gebet reserviert. Beachten Sie, daß der Aufbau von guten zwischenmenschlichen Beziehungen lebenswichtig für einen geistlichen Dienst ist. Gegebenenfalls kann es auch sinnvoll sein, Treffen, in denen primär die Beziehungen gepflegt werden, und solche, bei denen Sachfragen besprochen werden, zu verschiedenen Zeiten anzubieten.

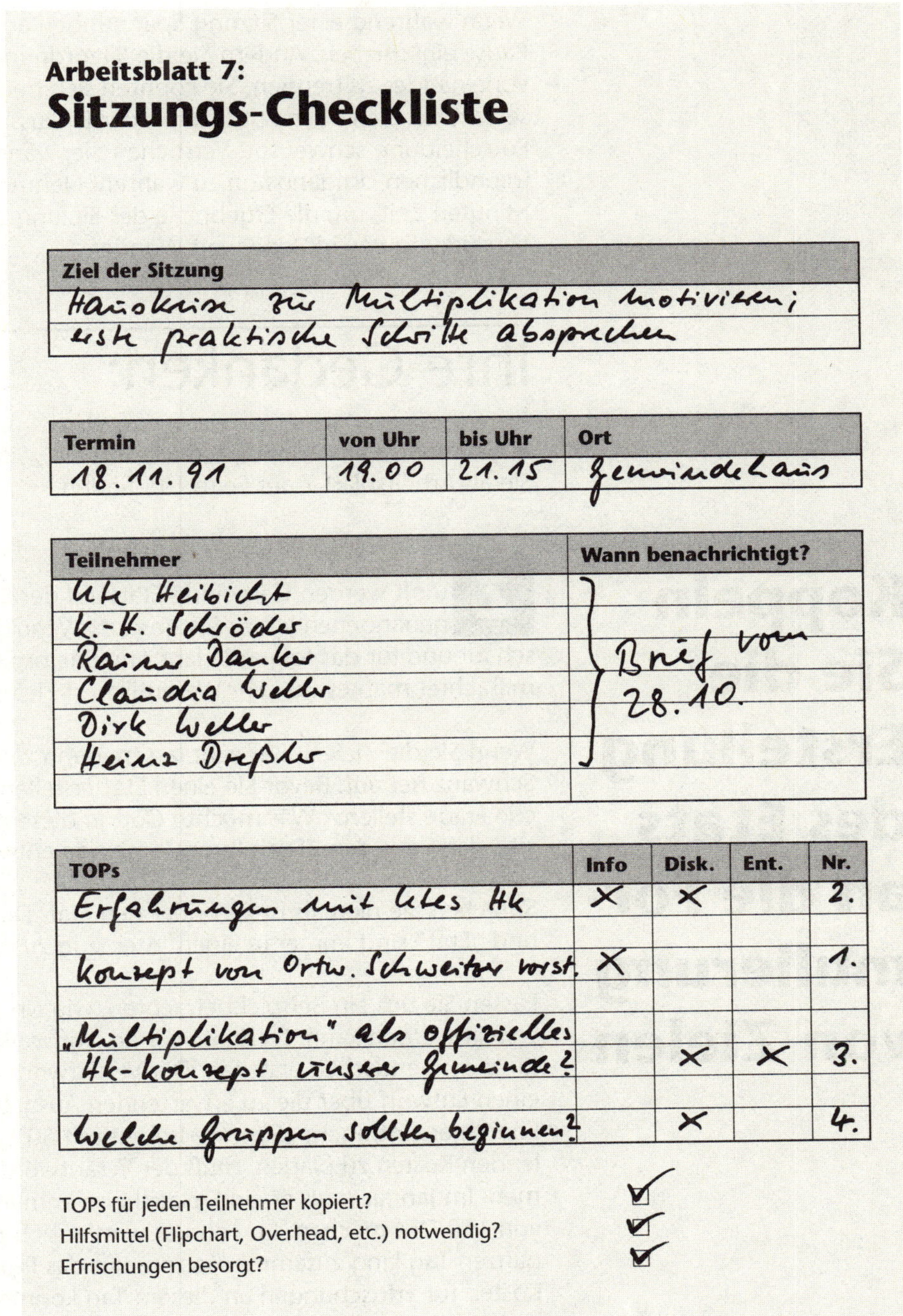

Arbeitsblatt 7:

Sitzungs-Checkliste

Ziel der Sitzung
Hauskreise zur Multiplikation motivieren;
erste praktische Schritte absprechen

Termin	von Uhr	bis Uhr	Ort
18.11.91	19.00	21.15	Gemeindehaus

Teilnehmer	Wann benachrichtigt?
Ute Heibicht	Brief vom 28.10.
K.-H. Schröder	
Rainer Danker	
Claudia Weller	
Dirk Weller	
Heinz Dreßler	

TOPs	Info	Disk.	Ent.	Nr.
Erfahrungen mit unseres Hk	X	X		2.
Konzept von Ortw. Schweitzer vorst.	X			1.
„Multiplikation" als offizielles Hk-Konzept unserer Gemeinde?		X	X	3.
Welche Gruppen sollten beginnen?		X		4.

TOPs für jeden Teilnehmer kopiert? ✓
Hilfsmittel (Flipchart, Overhead, etc.) notwendig? ✓
Erfrischungen besorgt? ✓

Abb. 15: Die Arbeit mit einer Sitzungs-Checkliste hilft Ihnen, an alles Wesentliche zu denken

Hilfsmittel für die Kommunikation

Setzen Sie bei den Sitzungen Hilfsmittel wie Flipchart, Overheadprojektor etc. ein. Das hilft, die Aufmerksamkeit der Gruppe auf die zur Diskussion stehende Frage zu lenken.

Denken Sie auch an solche Kleinigkeiten wie Erfrischungen, gute Stühle und frische Luft. Es ist erstaunlich, wie sehr eine Tasse Kaffee und einige nette Gespräche die Atmosphäre positiv beeinflussen können.

Wenn während einer Sitzung Spannungen auftreten, sollten Sie eine kurze Pause einschieben. Ändern Sie die Sitzordnung, um die Kontrahenten voneinander zu trennen. Sie könnten sich beispielsweise neben jemanden setzen, der sich offensichtlich mit der Diskussion oder mit einer getroffenen Entscheidung schwer tut. Versuchen Sie, während der ganzen Sitzung einen freundlichen Umgangston zu wahren. Nehmen Sie sich am Ende einige Minuten Zeit, um die Ergebnisse der Sitzung zusammenzufassen. Positive Verstärkung bewirkt dabei oft Wunder.

Ihre Gedanken:

- Gehen Sie vor der nächsten Sitzung die „Sitzungs-Checkliste" durch, die Sie als Arbeitsblatt 7 auf Seite 145 finden.

Koppeln Sie die Erstellung des Etats an die Formulierung von Zielen

Zu oft werden Gemeinde-Etats auf der Basis der Ausgaben des vorangegangenen Jahres festgesetzt. Wenn man auf den Etat eines Jahres schaut und für das folgende Jahr nur eine prozentuale Veränderung festlegt, mißachtet man etwas sehr Wesentliches: Ziele!

Wenn Sie die Ziele außer acht lassen, dann zäumen Sie das Pferd vom Schwanz her auf. Bevor Sie einen Etat erstellen, müssen Sie sich die wesentliche Frage stellen: „Was möchte Gott in diesem Jahr von uns?" Der Etat sollte sich dann aus den Zielen Ihrer Gemeinde entwickeln.

Sprechen Sie niemals isoliert über den Etat. Die beiden Stichworte „Ziele" und „Etat" sind immer in einem Atemzug zu nennen.

Lassen Sie uns ein Beispiel betrachten, wie ein an Ziele gekoppelter Etat erstellt werden kann. Nehmen wir an, wir wollen den Etat einer Gemeinde für die Jugendarbeit erstellen. Der Verantwortliche für diese Gruppe bereitet einen Entwurf über die zu erwartenden Ausgaben vor. In der Rubrik „Ziele" könnte er eintragen: „Sommerfreizeit mit 50 Schülern im Juli." Um die anfallenden Kosten zu planen, muß der Verantwortliche einzelne Posten bestimmen. Im Januar muß er ein Freizeitheim anmieten und dafür eine Anzahlung von 150 DM machen. Im Februar wird er sich mit seinen Mitarbeitern einen ganzen Tag lang zusammensetzen, um das Programm zu erstellen. Die Kosten für Erfrischungen an diesem Tag könnten 40 DM betragen. Im März könnte die Gruppe Einladungen für die Freizeit drucken lassen. Auch dafür muß ein Betrag zur Verfügung stehen.

Nachdem alle Spalten ausgefüllt sind, zeigt der Gesamtbetrag, wieviel zur Erreichung des Ziels aufgewendet werden muß. Wenn Sie die monatlichen Kosten für jedes Ihrer Projekte erstellen, können Sie auch ersehen, wie hoch die monatlichen Gesamtausgaben sind, die auf Sie zukommen werden.

Dieses Vorgehen hilft einer Gemeinde, sich auf das zu konzentrieren, wozu Gott sie berufen hat, weil die konkreten Dienste und nicht das Geld im Mittelpunkt stehen.

Wenn Sie die zu erwartenden Ausgaben aus allen Bereichen Ihrer Arbeit zusammenrechnen, mag Ihnen diese Summe mitunter unerschwinglich hoch erscheinen. Vergleichen Sie die Zahlen mit den zu erwartenden Einnahmen

Arbeitsblatt 8:

Ziele und Finanzplanung

Ziele	Freizeit mit 50 Schülern im Juli	benötigtes Geld			
Januar	Freizeitheim anmieten	150,-			
Februar	Treffen der MA, Erfrischungen	40,-			
März	Prospekte drucken	180,-			
April	an 400 Interessenten verschicken	410,-			
Mai	MA schulen Arbeitsmaterial	80,-			
Juni					
Juli	Freizeit, kosten f. Bus	800,-			
August					
September					
Oktober					
November					
Dezember					
Gesamt		1.660,-			

Abb. 16: Beispiel für eine an Ziele gekoppelte Finanzplanung

Ihrer Gemeinde, und Sie werden sehen, ob die verschiedenen Pläne zu realisieren sind oder nicht. Wenn die Ausgaben die Einnahmen überschreiten, müssen Sie sich mit den Mitarbeitern, die von den finanziellen Entscheidungen betroffen sein werden, treffen. Schließen Sie alle entscheidenden Personen so lange in einen Raum, bis sie eine Einigung erzielt haben. In schwierigen Fällen mögen mehrere Sitzungen erforderlich sein, bis ein Konsens erreicht werden kann.

Ihre Gedanken:

- Arbeitsblatt 8 (Seite 147) wird Ihnen dabei helfen, den Gemeinde-Etat auf die Ziele der Gemeinde zu beziehen.

Schaffen Sie ein effektives Finanzkontrollsystem

Dabei geht es um mehr als um bloße Buchhaltung. Mit Buchhaltung allein läßt sich noch keine Finanzkontrolle erreichen. Im wesentlichen ist die Buchhaltung nichts anderes als eine chronologische Darstellung der Einnahmen und Ausgaben. Nichtsdestotrotz ist sie für das Management nötig und wichtig.

Wenn wir ein effektives Finanzkontrollsystem entwickeln wollen, muß die Buchhaltung durch zwei wichtige Aspekte ergänzt werden: „Geldflußmanagement" und „Ausgabenkontrolle".

Den Geldfluß managen

Ich habe versucht, diese Dynamik in der folgenden Abbildung in Form eines Wassertanks bildlich darzustellen. Oberhalb des Wassertanks befindet sich ein Rohr, durch das das Wasser hineinfließt. Ein zweites Rohr befindet sich am Boden des Tanks, wo das Wassser wieder abfließt. Dies ist ein Bild für die finanziellen Abläufe in einer Gemeinde. Spenden gehen ein, Ausgaben heraus.

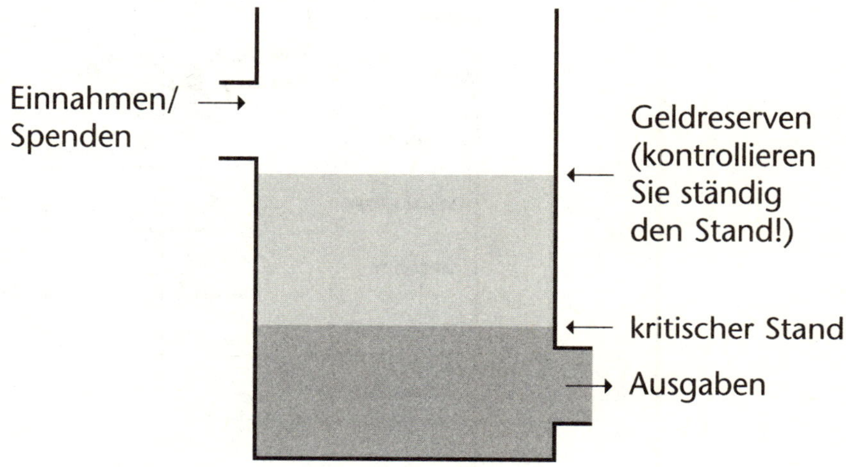

Abb. 17: Management des Geldflusses am Beispiel eines Wassertanks

Im Tank befinden sich die Geldreserven auf einem bestimmten „Wasserstand", der sich aus der Summe der Gelder auf den Sparkonten ergibt. Beim Geldflußmanagement geht es darum, den Wasserstand zu überwachen und zu registrieren, ob er steigt oder sinkt. Wenn er sich hebt, ist das ein gutes Zeichen. Ihre Reserven wachsen. Das kann bedeuten, daß sich neue Möglichkeiten erschließen, um weitere Dienste anzubieten, weil Ihre Einnahmen größer sind als die Ausgaben. (Es kann aber auch ein Zeichen dafür sein, daß in Ihrer Gemeinde gar nichts läuft!)

Wenn der Wasserspiegel sinkt, besteht die Gefahr, daß der Tank leerläuft. Der Tank muß immer bis zu einem Mindestmaß gefüllt sein. Wenn sich der Wasserstand dieser Grenze nähert, müssen umgehend korrigierende Maßnahmen ergriffen werden. Diese Grenze darf nicht erst am Boden des Tanks sein – denn wenn Sie hier angelangt sind, ist es bereits zu spät.

Im Januar letzten Jahres sanken die wöchentlichen Spenden unserer Gemeinde um 2.000 Dollar pro Woche (das bedeutete einen Rückgang von 15 bis

20 Prozent). Ich stellte diese Verringerung Ende Januar fest. Die Gemeinde verfügte über keine größeren Geldreserven – sie reichten gerade aus, um die Rechnungen für einen Monat zu begleichen. Das bedeutet, daß sie, wenn einen Monat lang keinerlei Spenden eingehen würden, innerhalb von dreißig Tagen zahlungsunfähig gewesen wäre.

Wenn man solch einen kritischen Punkt erreicht, gibt es zwei Möglichkeiten. Entweder man verringert die Ausgaben – oder man erhöht die Einnahmen. Ich berief eine Sitzung ein, um den Gemeindevorstand über die Situation zu unterrichten. Gemeinsam entschieden wir, daß es am angemessensten wäre, die Situation der Gemeinde mitzuteilen. Also verschickte ich an jedes Gemeindeglied einen Brief, der ungefähr wie folgt lautete:

„Wir danken dem Herrn, daß der Gottesdienstbesuch in unserer Gemeinde innerhalb des letzten Vierteljahres um 15-20 Prozent gestiegen ist. Allerdings sind die Spenden in diesem Zeitraum um ungefähr den gleichen Prozentsatz zurückgegangen. Wenn sich die Situation nicht bald zum Besseren wendet, müssen Gemeindevorstand und Mitarbeiter einschneidende Veränderungen vornehmen. Wir bitten Euch, dafür zu beten und zu überlegen, wie Ihr dazu beitragen könnt, an dieser Stelle etwas zu tun."

Zusätzlich schickte ich jedem Gemeindeglied eine Kassette über Opfer und finanzielle Prioritätensetzung und bat die Empfänger, sich diese anzuhören.

Im Februar begann sich das Blatt zu wenden. Trotzdem dauerte es noch neun Monate, bis die Gemeinde wieder eine einmonatige „Reserve" in ihrer Kasse angespart hatte. Hätten wir den Spendenrückgang nicht ausgemacht, wären wir sicher sehr erstaunt gewesen, wenn wir plötzlich die laufenden Kosten nicht mehr hätten decken können.

Ausgabenkontrolle

Der zweite Aspekt der Finanzplanung ist die monatliche Ausgabenkontrolle, in der der erstellte Etat mit den aktuellen Ausgaben verglichen wird. Gelegentlich muß der Leiter im laufenden Jahr den Kurs noch einmal korrigieren. Wenn man den Plan mit den zu erwartenden Auslagen vergleicht, lassen sich die Ausgaben effektiv kontrollieren.

Verschaffen Sie sich Informationen, die Ihnen für die Entscheidungsfindung dienlich sind. Mitunter müssen Sie Haushaltskorrekturen vornehmen. Arbeiten Sie mit einem Buchhalter zusammen, der Ihnen hilft, die Dinge so zu arrangieren, daß es *Ihren* Bedürfnissen entspricht.

Ihre Gedanken:

- Wann werden Sie sich mit dem Schatzmeister/Buchhalter Ihrer Gemeinde zusammensetzen, um den Inhalt dieses und des nächsten Abschnitts zu besprechen und anfallende Veränderungen durchzuführen?

Führen Sie Buch über Gottesdienstbesuch und Spenden

Es ist sehr wertvoll, die Haupttrends einer Gemeinde auf wöchentlicher Basis festzuhalten. Dies gewährleistet eine regelmäßige Lagebeurteilung seitens der Gemeindeleitung.

Wenn jemand, der sonst regelmäßig den Gottesdienst besucht, drei Wochen hintereinander nicht da war, sollte bei Ihnen eine rote Warnlampe aufleuchten. Es bedeutet, daß irgend etwas schief läuft – daß die Person wahrscheinlich unbefriedigte Bedürfnisse hat. Untersuchungen haben ergeben, daß die Chancen, jemanden in die Gemeinde zurückzuholen, der länger als sechs bis acht Wochen ferngeblieben ist, sehr gering sind. Sie haben einen Spielraum von sechs bis acht Wochen, um die Abwesenheit von einem Gemeindeglied zu bemerken und darauf einzugehen.

Beachten Sie die Tabelle zu Besucherzahl und Spenden (Abb. 18). In dem Teil der Tabelle, in dem es um die Besucherzahl geht, finden Sie drei Spalten. Ganz links werden die einzelnen Wochen eingetragen mit den Rubriken *Besucher, Summe* und *Durchschnitt.* Lassen Sie uns eine hypothetische Situation für einige Wochen bearbeiten. Nehmen wir an, daß in der ersten Woche des Jahres der Gottesdienstbesuch in Ihrer Gemeinde bei 63 Personen lag: Summe = 63. Durchschnitt = 63.

In der zweiten Woche beträgt die Besucherzahl 77. Summe = 140. Durchnitt = 70. In der dritten Woche sinkt der Besuch auf 71 Gottesdienstbesucher ab. Summe = 211. Durchschnitt = 70.

Achten Sie vor allem darauf, daß Sie die Spalte mit dem durchschnittlichen Gottesdienstbesuch nicht vergessen. Sie liefert Ihnen die Information, an der Sie erkennen können, ob Ihre Gemeinde wächst, ob es saisonbedingte Unterschiede gibt (etwa ein Besucherrückgang im Juli) oder ob der Rückgang der Besucherzahl ein Indiz für ein bestimmtes Problem ist. Wenn Sie die Besucherzahlen auf wöchentlicher Basis überwachen, wird das Ihrer Arbeit sehr zugute kommen.

Wie Zahlen zu sprechen beginnen

Als ich die Besucherzahlen in unserer Gemeinde festhielt, stellte ich fest, daß der Kindergottesdienst proportional zum Hauptgottesdienst wuchs. Als der Besuch des Hauptgottesdienstes um 70 Prozent stieg, wuchs der Kindergottesdienst um 67 Prozent. Als die Besucherzahl des Hauptgottesdienstes um 50 Prozent wuchs, wuchs auch der Kindergottesdienst um 55 Prozent.

1983 verbuchten wir im Hauptgottesdienst einen Zuwachs von 34 Prozent, aber der Kindergottesdienstbesuch wuchs nur um 16 Prozent. Ich war mir sicher, daß diese unterschiedlichen Wachstumsraten ein Problem widerspiegeln mußten. Als ich den Zuwachs beim Hauptgottesdienst und den kontinuierlichen Wachstumsrückgang des Kindergottesdienstes näher analysierte, stieß ich auf zwei Ursachen. Zunächst waren die meisten der Neuhinzugekommenen entweder Jugendliche oder Senioren. Beide Gruppen haben eines gemeinsam: Sie haben keine Kinder! (Zumindest meistens nicht!)

Unsere Gemeinde entdeckte auch einige ungestillte Bedürfnisse in der Kinderarbeit. Da es schwierig schien, neue Gruppenleiter zu finden, hatte sich die Anzahl der Kindergruppen nicht erhöht. (Beachten Sie: Die ständige Vermehrung der angebotenen Gruppen ist ein wichtiges Wachstumsprinzip!). Nachdem man sich mit den Mitarbeitern der Kinderarbeit getroffen hatte, stellte die Gemeindeleitung fest, daß sich die Gruppenleiter in einer Zwick-

Arbeitsblatt 9:

Gottesdienstbesuch und Spendenaufkommen

Gottesdienstbesuch				Spendenaufkommen			
Woche	Besucher	Summe	Durchschnitt	Woche	Spenden	Summe	Durchschnitt
1	63	63	63	1	760	760	760
2	77	140	70	2	1024	1784	892
3	71	211	70	3	1242	3026	1008
4	62	273	68	4	1138	4164	1042
5	49	322	64	5	714	4878	976
6	86	408	68	6	1112	5990	998
7	84	492	70	7	1452	7442	1064
8	82	574	72	8	1452	8894	1112
9	73	652	72	9	994	9888	1098
10	116	768	77	10	1068	10956	1096
11	97	865	79	11	1198	12154	1104
12	82	947	79	12	1070	13224	1102
13	82	1029	79	13	934	14158	1090
14	100	1129	81	14	904	15062	1076
15	87	1216	81	15	1160	16222	1082
16	125	1341	84	16	1410	17632	1102
17	75	1416	83	17	940	18572	1092
18				18			
19				19			
20				20			
21				21			
22				22			
23				23			
24				24			
25				25			
26				26			
27				27			
28				28			
29				29			
30				30			
31				31			
32				32			
33				33			
34				34			
35				35			
36				36			
37				37			
38				38			
39				39			
40				40			
41				41			
42				42			
43				43			
44				44			
45				45			
46				46			
47				47			
48				48			
49				49			
50				50			
51				51			
52				52			

Abb. 18: Übersicht über Gottesdienstbesuch und Spendenaufkommen

mühle befanden: Sie hatten das Gefühl, daß sie, wenn sie einmal eine Kindergruppe übernommen hatten, keine Möglichkeit mehr bekommen würden, irgendwo anders in der Gemeinde mitzuarbeiten. In der Kinderarbeit aber fühlten sie sich müde und ausgebrannt.

Nach eingehenden Überlegungen und Gebet beschloß die Gemeindeleitung, allen Mitarbeitern in der Kinderarbeit die Möglichkeit zu einem „Sabbat" zu geben. Alle Gruppenleiter wurden den Sommer über von ihren Verantwortlichkeiten entbunden, und ein neues Team wurde – nur für den Sommer – zusammengestellt. Diese neue Gruppe veranstaltete ein einzigartiges „Sommerspektakel", das nicht nur für die Kinder, sondern auch für die

Mitarbeiter zu einem großen Ereignis wurde. Nachdem die regulären Mitarbeiter der Kinderarbeit einen erholsamen Sommer verlebt hatten, kamen sie froh und begeistert zurück und übernahmen ihre Gruppen wieder für die Zeit von September bis Mai. Das Sommer-Spektakel war ein solcher Erfolg, daß es nun jeden Sommer angeboten wird.

All diese Veränderungen kamen dadurch in Gang, daß wir einen Trend in der Besucherzahl ausgemacht hatten. Mittlerweile sind die Besucherzahlen der Kinderprogramme im Juli am höchsten. Zu dieser Zeit werden die meisten Aktivitäten angeboten.

Das Sommer-Spektakel hat sich auch als effektives Mittel erwiesen, Neuzugezogene zu erreichen. Wußten Sie, daß zwei Drittel aller Umzüge im Sommer stattfinden? Viele der Zugezogenen sehen sich dann auch nach einer neuen Gemeinde um. Was aber passiert gewöhnlich in den Gemeinden während der Sommerzeit? Der Chor legt eine Pause ein, vielleicht werden sogar die Sonntagsschulklassen bis September geschlossen. Wenn Sie Ihre *besten* Programme nicht in der Zeit zwischen Juni und August anbieten, versperren Sie sich eine Tür zu vielen potentiellen neuen Gemeindegliedern.

Ihre Gedanken:

- Mit Hilfe von Arbeitsblatt 9 (Seite 149) können Sie einen genauen Überblick über die Entwicklung des Gottesdienstbesuchs und des Spendenaufkommens behalten. Welche Person in Ihrer Gemeinde soll dafür zuständig sein, regelmäßig diese Statistik zu führen?

Verbessern Sie den Entscheidungsfindungs-Prozeß

Um ein effektives Management zu entwickeln, benötigen Sie folgende fünf Schlüssel zur Problemlösung.

a. Definieren Sie das Problem.

Kürzlich kam jemand zu mir und erklärte, er habe Probleme mit der Entscheidungsfindung. Er versuchte sich zu entscheiden, ob er ein bestimmtes Buch kaufen solle oder nicht.

„Warum willst du das Buch kaufen?" fragte ich.

„Nun, ich muß entscheiden, ob ich das Buch kaufen soll oder nicht."

„Glaubst du, daß das dein Problem ist?"

„Ja."

„Nein, das ist nicht dein Problem. Dein Problem ist, daß es wahrscheinlich ein unbefriedigtes Bedürfnis in deinem Leben oder in deiner Gruppe gibt – und dafür könnte es hilfreich sein, dieses Buch zu kaufen. Aber das *Buch* ist nicht das Problem. Das Buch könnte eher eine Lösung bieten."

Manchmal müssen wir, wenn wir ein Problem haben, erst mehrere Schichten abtragen. Wie bei einer Zwiebel muß man prüfend immer tiefer gehen, bis man zum Kern des Problems vorgedrungen ist. Die meisten Fehler bei der Entscheidungsfindung kommen daher, daß man ein Problem nicht ausreichend analysiert hat.

Das ist der Grund dafür, daß es oft so schwer ist, in Vorständen und Ausschüssen Einigung über bestimmte Angelegenheiten zu erzielen. Wenn Sie sich nicht die Zeit nehmen, über die Definition des Problems einig zu werden und das Problem zu analysieren, werden Sie niemals zu einer Lösung gelangen.

Meine Mitarbeiter werden manchmal schon ungeduldig, wenn ich sie zwinge, ein Problem von vielen unterschiedlichen Standpunkten aus zu betrachten, damit ihnen keine Facette entgeht. Die Definition des Problems macht oft 50 Prozent der Entscheidungsfindung aus.

b. Definieren Sie, was durch die Lösung erreicht werden soll.

Welche Ziele sollen mit der Entscheidung verfolgt werden? Welche Dinge sollen sich nach dieser Entscheidung verändern? Woran erkennt man, daß das Problem wirklich gelöst wurde? Wie sehen die Lösungen aus? Wenn eine Lösung gefunden wurde, welche weiteren Kriterien muß sie erfüllen?

Wenn zum Beispiel die räumlichen Verhältnisse für die Kinderarbeit nicht ausreichend sind, dann brauchen Sie mehr Platz; Sie müssen dabei im Rahmen des verfügbaren Etats bleiben; und der Grad der Zufriedenheit bei den Mitarbeitern muß sich erhöhen.

c. Sammeln Sie genügend Alternativen, bevor Sie sich auf eine Lösung festlegen.

Wenn Sie sichergehen wollen, daß Ihre Entscheidung wirklich die beste aller Möglichkeiten ist, müssen Sie mehrere Alternativen entwickeln, bevor Sie sich für eine Lösung entscheiden. Geben Sie sich niemals mit einer einzigen Lösungsmöglichkeit zufrieden.

In unserer Gemeinde gibt es ernsthafte Raumprobleme – besonders im Bereich der Kinderarbeit. Der Bauausschuß sprach sich dafür aus, einen Kredit aufzunehmen und zu bauen. Ich sagte, man solle, bevor man dem Vorstand irgendeine Lösung vorschlüge, die Zahl der Optionen erweitern. Der Bauausschuß sollte mindestens acht Alternativen finden, wie man das Raumproblem lösen könne. Wenn man die Zahl der Alternativen vervielfacht, steigert sich die Wahrscheinlichkeit, am Ende wirklich die beste aller möglichen Lösungen zu finden.

Bei der Einstellung von Mitarbeitern ist es ratsam, sich mehr als nur einen Kandidaten anzuschauen. Wenn man mehr als einen Bewerber für eine Stelle prüft, hat man die Möglichkeit, verschiedene Personen miteinander zu vergleichen und diejenige mit den besten Qualifikationen auszuwählen.

d. Beziehen Sie die Frage der Umsetzung in den Entscheidungsprozeß ein.

Wenn Sie bei der Entscheidungsfindung nicht auch die praktischen Schritte der Umsetzung bedenken, haben Sie noch gar keine richtige Entscheidung getroffen. Haben Sie nicht auch selbst schon erlebt, wie in Sitzungen gute Vorschläge gemacht wurden, die dann niemals verwirklicht wurden? Was war die Ursache?

Wahrscheinlich die, daß der Ausschuß sich nicht die Mühe machte, die Schritte festzulegen, wie die Vorschläge umgesetzt werden sollten.

Solange Sie sich nicht darüber einig geworden sind, wie eine Entscheidung umgesetzt werden soll, ist der Prozeß noch nicht abgeschlossen. Nachdem Sie eine Entscheidung getroffen haben, müssen Sie einen Aktionsplan entwickeln, der Antwort auf folgende fünf Fragen gibt:

1. Wer muß über die Entscheidung Bescheid wissen? Wer teilt es den Betreffenden mit?

2. Wer ist von der Entscheidung betroffen?

3. Welche Schritte müssen getan werden, um die Entscheidung umzusetzen?

4. Wer ist dafür verantwortlich, daß die nötigen Schritte unternommen werden?

5. Wann soll die Entscheidung wirksam werden?

e. Überprüfen Sie die Ergebnisse.

Nachdem Sie eine Entscheidung getroffen haben, müssen Sie festlegen, auf welche Weise Sie kontrollieren werden, inwieweit diese auch ausgeführt wird. Dabei kann es sein, daß sich im Laufe der Zeit eine Situation derartig verändert, daß die Lage anders zu beurteilen ist und neue Entscheidungen getroffen werden müssen. Bei diesem Schritt ist wichtig, daß Sie sich darauf konzentrieren, wirklich die *Ziele* zu kontrollieren, nicht die Ausführung.

Ihre Gedanken:

● In der folgenden Übersicht sind die oben genannten Schritte in Form einer Checkliste zusammengefaßt. Benutzen Sie sie, sobald Sie die nächste wichtige Entscheidung treffen müssen.

Was soll entschieden werden?

____

____

____

1. Definition des Problems:

____

____

____

2. Was soll durch die Lösung erreicht werden?

3. Alternative Lösungen:

4. Wie ließen sich die Lösungen praktisch umsetzen?

5. Art der Überprüfung:

Sorgen Sie für eine kontinuierliche Beurteilung der Mitarbeiter

Sowohl hauptamtliche als auch ehrenamtliche Mitarbeiter brauchen eine regelmäßige Beurteilung ihrer Arbeit. Eine solche Beurteilung ist für das Wachstum der Mitarbeiter von außerordentlicher Bedeutung. Sehen Sie sich den Beurteilungsbogen für Mitarbeiter an (Abb. 19). Ich benutze dieses Formular in unserer Gemeinde. Solche formalen Beurteilungen für Mitarbeiter führen wir mindestens halbjährlich durch, und informelle Beurteilungen noch öfter.

Manche Mitarbeiter oder Leiter werden zögern, Ihnen ihre Bedürfnisse mitzuteilen, wenn es dafür keinen geschützten Raum gibt. Geben Sie Ihrem Mitarbeiter einen Beurteilungsbogen und bitten Sie ihn, diesen innerhalb einer bestimmten Frist (etwa eine Woche) auszufüllen. Füllen Sie währendessen das gleiche Formular für diesen Mitarbeiter aus. Verabreden Sie sich mit ihm, um die Ergebnisse auszutauschen. Gehen Sie behutsam Punkt für Punkt durch und einigen Sie sich auf eine Bewertung der verschiedenen Bereiche. Wenn die Beurteilung abgeschlossen ist, füllen Sie einen neuen Bogen aus.

Listen Sie die unterschiedlichen Verantwortungsbereiche des Mitarbeiters auf und bewerten Sie sie jeweils. Einige werden ihre Leistung anhand sehr harter Maßstäbe bewerten. Andere wiederum werden ihre Stärken überschätzen. Seien Sie ehrlich und gleichzeitig einfühlsam, wenn Sie Ihre Einschätzung vorbringen. Sie sollten den Beurteilungsbogen als ein Hilfsmittel benutzen, um die Kommunikation zwischen den verantwortlichen Leitern und den Mitarbeitern zu verbessern.

Beachten Sie besonders die Rubrik, die sich mit den Stärken des Mitarbeiters beschäftigt. *Achten Sie immer darauf,* daß Sie den Punkten, die Ihr Mitarbeiter hier aufgeführt hat, mindestens noch einen weiteren hinzufügen. Es hilft Menschen in ihrem persönlichen Wachstum, wenn man ihnen bestätigt, was sie gut machen – abgesehen davon, daß ihnen eine solche Bestätigung auch ganz einfach *gut tut.*

Den Punkt *Zufriedenheit mit der Aufgabe* sollte nur der Mitarbeiter ausfüllen. Unabhängig davon, ob er die Zufriedenheit mit 2 (niedrig) oder 5 (sehr hoch) bewertet, sollten Sie ihn fragen, wodurch sich der Wert erhöhen könnte. Auf diese Weise können Sie Bereiche ausmachen, in denen Veränderungen vorgenommen werden müssen, wenn sich die Zufriedenheit erhöhen soll.

Nach einem Gespräch über die Effektivität müssen Sie, als Supervisor, eine Bewertung zwischen 1 und 5 festlegen. Fragen Sie Ihren Mitarbeiter dann: „An welcher Stelle, glaubst du, möchte Gott, daß du in deinem Dienst weiter wächst?" Die Person wird fast immer einen Bereich nennen können; wenn nicht, sollten Sie ihr helfen, etwas zu finden. Gemeinsam können Sie einen einfachen Aktionsplan aufstellen, wie das Wachstum erreicht werden kann.

Das Positive bestärken

Das Formular läßt Platz für Bemerkungen. Tragen Sie an dieser Stelle etwas Ermutigendes ein. „Edith ist eine große Bereicherung in meiner Arbeit und in der Gemeinde." Auch wenn es einige Bereiche gibt, in denen Edith noch wachsen muß, wird sie diese ermutigende Bemerkung in Erinnerung behalten. Auf dem Formular ist unten Platz vorgesehen, wo beide, der Supervisor und der Mitarbeiter, unterschreiben sollen. Auf diesem Wege wird verhin-

Arbeitsblatt 10:

Beurteilungsbogen

Name	Datum
Edith Rau	Dezember 91

Verantwortungsbereiche	Bewertung (1 = niedrig, 5 = hoch)
Koordination der Schulungs-Angebote	4
Werbung für Schulungen	2
Training für Hk-Leiter	5

Stärken

kann toll mit Menschen umgehen; starke Lehrgabe; Edith ist sehr begierig, Neues zu lernen

Zufriedenheit mit der Aufgabe	1 (gering)	2	3 (X)	4	5 (hoch)

Effektivität	1 (gering)	2	3	4 (X)	5 (hoch)

Wachstumsbereich(e)

Sollte mehr Einzelaufgaben an andere delegieren

Aktionsplan

Liste mit mögl. Helfern zusammenstellen; sie nach ihren Gaben einsetzen; Bereich „Werbung" an Klaus delegieren

Bemerkungen

E. bringt in den MA-kreis einen sehr positiven Geist ein; sie hat starkes Potential zu besserer Organisation

Supervisor	Mitarbeiter
Dieter Lücke	Edith Rau

Abb. 19: Beispiel für die Arbeit mit einem Beurteilungsformular

dert, daß im Bewertungsbogen etwas erscheint, von dem einer der Beteiligten keine Kenntnis hat.

Die Menschen *wollen* effektiver werden und sich in ihrem Dienst weiterentwickeln. Benutzen Sie die Beurteilung als ein Hilfsmittel, um die Leistungen Ihrer Mitarbeiter zu steigern.

Ich wandte diese Methode an, um Doug, einen der wichtigsten Leiter unserer Gemeinde, auszubilden. Wir trafen uns alle zwei Wochen. Dabei fragte ich Doug jedesmal: „Wie kommst du voran?" Wir konzentrierten uns also zunächst auf die Dinge, die Doug gut gelungen waren.

„Gibt es bestimmte Bereiche, in denen du das Gefühl hast, daß Gott möchte, daß du wächst?" fragte ich anschließend.

„Ja", sagte Doug.

„Worum handelt es sich?"

„Zeitmanagement. Es fällt mir schwer, alles zu erledigen, und meine Arbeit nimmt zuviel Zeit in Anspruch. Ich möchte mehr Zeit für meine Familie und die Gemeinde haben, aber bisher kann ich diese Zeit nicht finden."

„Gut, was solltest du deiner Meinung nach tun?"

„Ich glaube, ich sollte mir ein Zeitplanbuch zulegen."

„Das ist gut. Wir schreiben es am besten auf."

„Außerdem sollte ich wohl etwas Anleitung bekommen oder ein Buch über Zeitmanagement lesen."

Anschließend legten wir gemeinsam fest, was bis zu welchem Zeitpunkt genau getan werden sollte, um Doug an dieser Stelle weiterzuhelfen.

Bevor wir unsere Sitzung beendeten, hielten wir drei Dinge fest, die Doug bis zum nächsten Treffen erledigt haben sollte. Zwei Wochen später bewerteten wir das Resultat. Wir unterhielten uns und fügten einige weitere Bereiche hinzu, in denen Doug bis zum nächsten Mal etwas tun sollte.

Diese Form der Interaktion nennt man Jüngerschaftsschulung. Beim geistlichen Management kommt es darauf an, daß wir mehr und mehr Menschen in solche Jüngerschaftsprozesse einbeziehen. Wenn wir es versäumen, die Menschen, die uns anvertraut sind, weiterzubilden, erweisen wir ihnen einen schlechten Dienst. Wir helfen ihnen nicht dabei, alles zu erreichen, was Gott für sie vorgesehen hat.

Ihre Gedanken:

- Ist in Ihrer Gemeinde bereits dafür gesorgt, daß Ihre engsten Mitarbeiter regelmäßig beurteilt werden? Wenn nicht, versuchen Sie einmal, innerhalb der nächsten Woche mit drei Mitarbeitern ein solches Beurteilungsgespräch zu führen. Benutzen Sie dabei Arbeitsblatt 10, das Sie auf Seite 151 finden.

Kapitel 6:

Der Aufbau eines Leitungsteams

Eine der wichtigsten Aufgaben eines Leiters, besonders aber des Pastors: der Aufbau eines Teams von mündigen, selbständig arbeitenden Leitern. Was Sie in diesem Prozeß beachten sollten, erfahren Sie im folgenden Kapitel.

Ohne Team läuft nichts

Es gibt keine effektive Arbeit, die nur von den Gaben einer einzigen Person lebt. Der Aufbau eines effektiven Leitungsteams ist einer der Schlüssel für den geistlichen Dienst. Bei unseren Überlegungen gehen wir von vier Voraussetzungen aus:

1. Gott möchte, daß seine Gemeinde wächst.

Das ist die Grundlage unserer Bemühungen um Wachstum. Wir erwarten, daß Gott uns mit dem Heiligen Geist ausrüstet, wenn wir bereit sind, unseren Beitrag zum Aufbau seiner Gemeinde zu leisten. Jesus selbst baut seine Gemeinde – und es ist unser Vorrecht, an diesem Werk beteiligt sein zu dürfen.

2. Gott hat die Gemeinde zum Dienst begabt.

Weil weder ein Pastor noch ein sonstiger Leiter in allen Arbeitsbereichen effektiv sein kann, benötigt ein guter Leiter die Unterstützung und Hilfe eines Teams. Evangelisation und Jüngerschaft geschehen da, wo alle Glieder des Leibes zusammenarbeiten. Es ist Gottes Absicht, daß alle Gaben, die in einer Gemeinde vorhanden sind, für den Dienst eingesetzt werden.

3. Die Aufgabe eines Leiters ist es, andere für den Dienst zuzurüsten.

Als christliche Leiter ist es unsere Aufgabe, andere auszubilden. Meine Rolle in der Gemeinde vergleiche ich gerne mit der eines Trainers. Oft verhalte ich mich dabei wie ein Spieler-Trainer: Zuerst krempele ich selbst die Ärmel hoch und zeige meinen Mitspielern, wie es geht, dann rüste ich sie mit den nötigen Fertigkeiten aus, den Dienst selbständig zu tun.

4. Eine Gemeinde wächst, wenn kontinuierlich Leiter herangebildet werden.

Wenn sich Ihr Dienst ausweitet, sind Sie darauf angewiesen, daß sich auf allen Ebenen die Leiter vervielfältigen. Dieses Prinzip läßt sich anhand einer Pyramide illustrieren: ihre Basis ist um so breiter, je höher der Bau werden soll.

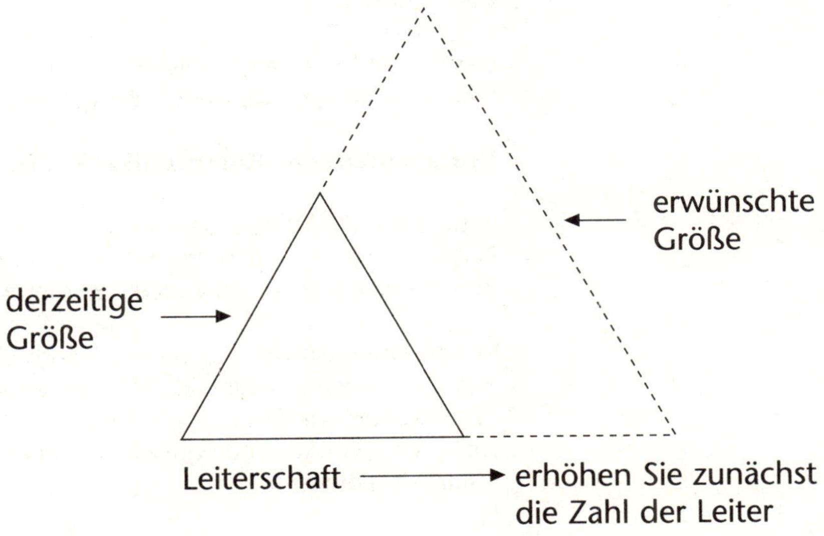

Abb. 20: Der Einfluß geschulter Leiter auf die Gesamtgröße des Dienstes einer Gemeinde

Ohne Bild gesprochen: Sie müssen genügend Leiter haben, bevor Sie darangehen können, neue Aufgabenbereiche zu erschließen. Dadurch entgehen Sie der Gefahr, einzelne Positionen mit unqualifizierten Personen zu besetzen.

Das „Scheunenbau-Prinzip"

Haben Sie jemals den Bau einer Scheune miterlebt? Die Großstadtmenschen unter uns werden damit vermutlich keinerlei Erfahrung haben; und selbst für diejenigen, die auf dem Land leben, ist so etwas mittlerweile oft nur noch ein Stück Geschichte. Aber unabhängig von Ihrem Erfahrungshintergrund können Sie aus den folgenden Ideen Nutzen für Ihren Dienst ziehen.

In den ländlichen Gebieten Amerikas kamen früher (und teilweise auch heute noch) Nachbarn, Familienangehörige und Freunde zusammen, um innerhalb eines einzigen Tages eine Scheune zu bauen. Das war jedesmal ein spektakuläres Ereignis! Der Tag begann mit einem gemeinsamen Frühstück, währenddessen man die anstehende Arbeit plante. Danach ging man ans Werk. Dabei kam es auf jeden einzelnen an. Die Großmutter paßte vielleicht auf die Kleinen auf. Die größeren Kinder bekamen schon bestimmte Aufgaben zugewiesen; sie sollten z.B. die verstreuten Nägel aufsammeln oder den Arbeitern Wasser bringen. Die Männer sorgten für Nachschub, sie nagelten oder sägten, oder sie überwachten die Konstruktion. So konnte die Scheune tatsächlich an einem einzigen Tag fertiggestellt werden. Abends feierte man das vollbrachte Werk mit einem großen Festessen, an dem die Frauen den ganzen Tag gearbeitet hatten.

Die drei Arbeitsphasen

An dieser Tradition des Scheunenbaus lassen sich drei wichtige Arbeitsphasen illustrieren: *Planung, Durchführung* und *Ausklang.*

In der *Planungsphase* wird das Projekt vorbereitet. Diese Phase umfaßt Organisation, Zielaneignung, Bereitstellung der Mittel, Motivation und Zeit zum Gebet.

In der *Durchführungsphase* wird das Projekt realisiert. Jetzt wird die Scheune gebaut, der Gottesdienst gefeiert, die Bibelarbeit gehalten oder die Evangelisation veranstaltet.

Das Projekt hat einen feierlichen *Ausklang.* In dieser Phase ist Gelegenheit zur Freude, Entspannung, Genuß der gelungenen Arbeit und zum Dank an Gott.

Unterschiedliche Kommunikation für unterschiedliche Phasen

In unserem Dienst befinden wir uns immer in einer dieser drei Phasen. Die Phasen wechseln sich im Verlauf des Dienstes immer wieder zyklisch ab, und für jede muß man einen anderen Kommunikationstyp wählen.

In der Planungsphase kommt es auf formelle Kommunikation an. In ihr werden u.a. Fragen gestellt wie: „Wie sollten wir das und das angehen?" oder „Was können wir diesmal besser machen?" Sie sollten als Leiter auch durch Sätze wie: „Wir kommen gut voran!" oder „In drei Tagen ist es soweit" zur Mitarbeit motivieren.

Während der Durchführungsphase dient die Kommunikation dazu, den Überblick zu gewährleisten. Sie befinden sich jetzt mitten in der Hitze des Gefechts, und man hört Äußerungen wie: „Suche bitte jemanden, der das und das erledigen kann." „Bitte stell das dorthin." „Könntest du hier mal nachsehen?"

In unserer Gemeinde kommuniziert während des Gottesdienstes das Gottesdienst-Vorbereitungsteam ständig miteinander. Wir besprechen die Überleitungen, die Position der Mikrophone im Raum und den Verlauf der Anbetungszeit. Jeder ist an seinem Posten, und die Kommunikation dient dazu, alle Aufgaben ausführen zu können.

Nachdem Sie ein Projekt abgeschlossen haben, werden Sie die Kommunikation in der Abschlußphase dazu benutzen, die anderen zu loben. Es fallen Kommentare wie: „Preist den Herrn!" „Hast du das gesehen?" „War Susanne nicht super?" Es ist an der Zeit, den erfolgreichen Abschluß der Arbeit zu genießen.

Jedes Jahr bietet unsere Gemeinde mehrere Weihnachtsgottesdienste an. (Wußten Sie, daß die Weihnachtszeit die Zeit ist, in der die meisten Menschen, die einmal aus der Kirche ausgetreten waren, bereit sind, wieder einzutreten? Zu Ostern geschieht das am zweithäufigsten.) Die Familien der Mitarbeiter übernehmen dann Verantwortung für jedes Detail des Gottesdienstes. Sie kümmern sich um die Akustik, dekorieren den Raum, bedienen die Beleuchtungsanlage, führen ein Puppenspiel auf, leiten den Gesang und betreuen die Kinder. Es ist immer ein schöner Abend, an dessen Ende alle Ehre dem Herrn gegeben wird.

Einmal haben wir fünf solcher Gottesdienste angeboten. Der erste begann um 16.30 Uhr. Im Vorfeld machten sich die Mitarbeiter Gedanken über die Anforderungen, die dieser Tag an sie stellen würde. „Werden wir alle fünf Gottesdienste durchhalten?" Wir beteten zusammen für den Abend, wohl wissend, daß sich durch ihn eine großartige Chance bot, Außenstehende mit der Liebe Gottes zu erreichen.

Zwischen dem vierten und fünften Gottesdienst hatten alle Mitarbeiter zusammen ein feierliches Abendessen. In dieser Zeit ermutigten wir uns gegenseitig, und uns wurde klar, welchen Segen wir durch den gemeinsamen Dienst empfangen hatten.

In jedem Gottesdienst wurde ein Puppenspiel aufgeführt, das den Kleinen von der Liebe Gottes erzählte. Auch ich hatte hinter der Bühne eine der Puppen geführt. Neben mir stand Doug, der eine andere Puppe hatte. An einem bestimmten Punkt des Spiels, während einer musikalischen Einlage, hatte Dougs Puppe damit begonnen, meine zu attackieren. Die Kinder waren begeistert. Nachdem Doug meine Puppe nun schon eine ganze Weile geplagt hatte, das Publikum aber immer noch nicht genug von den Possen hatte, kam uns das Ganze merkwürdig vor. Was wir Puppenspieler nicht bemerkt hatten, war, daß im Eifer des Gefechts meine Puppe ein Auge verloren hatte. Am Ende des Spiels sah die arme Puppe aus wie ein Zyklop!

Während des Abendessens erzählten wir uns diese Dinge. Wir teilten einander mit, was wir an positiven Reaktionen auf den Gottesdienst gehört hatten und wen wir unter den Besuchern entdeckt hatten. „Das Kerzenlicht hat eine so schöne Atmosphäre verbreitet." „Hast du den Feuerwehrmann, der hinten an der Wand stand, gesehen?"

Positive Verstärkung

Beachten Sie die Bedeutung von ermutigender Kommunikation. Wir unterschätzen den Wert solcher positiven Verstärkung oft. Ein paar ermutigende Worte können es bewirken, daß Ihre Mitarbeiter die Welt in einem ganz anderen Licht sehen.

Ich lernte dies schon während meiner theologischen Ausbildung am eigenen Leibe. In dieser Zeit machte mir die Homiletik großen Kummer, und als es soweit war, daß ich meine Probepredigt halten mußte, die zudem noch mit einer Videokamera aufgezeichnet wurde, war ich ganz verzweifelt.

In der Ausbildungsstätte gab es einige Videospezialisten, die sicherlich eine Perspektive finden würden, aus der sie die schlechten Gewohnheiten des Predigers und dessen ungelenke Bewegungen besonders gut einfangen konnten, um sie dann in Großaufnahme zu zeigen. In meiner Phantasie gestaltete ich die Horrorbilder eines solchen Films mit dem Titel „Was man während des Predigens alles sein lassen sollte" farbenprächtig aus.

Eines Tages, als ich mir im Videoraum meine Bänder anschauen wollte, kam ein neuer Dozent mit Namen Randy dazu. Dieser sah sich die Aufzeichnungen mit mir an und machte ab und zu ein paar Bemerkungen. „An dieser Stelle hast du genau die richtigen Worte gefunden", sagte er etwa. Oder „Gute Überleitung", „Bewegung im richtigen Augenblick." Manchmal waren zwischen den einzelnen Kommentaren lange Pausen; er machte jedoch *ausschließlich positive Bemerkungen*. Er kommentierte nur das, was ich richtig gemacht hatte. Schließlich stellte er den Recorder ab.

„Bob, ich möchte dir deine drei Stärken nennen", sagte er und begann mit der Aufzählung. Eine der Bemerkungen, die nun fielen, löste eine Revolution im Blick auf meine Kommunikationsfähigkeit aus: „Du wirst nicht dadurch besser, daß du dich auf deine Schwächen konzentrierst. Du wirst besser, indem du deine Stärken betonst."

Diese neue Auffassung setzte mich dazu frei, mich auf das zu konzentrieren, was ich gut konnte. Randy sagte, daß die Schwachpunkte in dem Maße, wie ich es lernen würde, mich auf meine Stärken zu konzentrieren, von selbst verschwinden würden. Dieser Gedanke half mir, und er ist auch für andere hilfreich. Keiner braucht auf allen Gebieten stark zu sein, aber wir müssen aus unseren Stärken Kapital schlagen.

Wenn jemand gerade einen Auftrag ausgeführt hat, will er nicht wissen, was er falsch gemacht hat, sondern was richtig war. Von den hundert Dingen, die jemand getan hat, mögen neunundneunzig verkehrt sein; Sie sollten aber das eine richtige herausfinden und es dem Betreffenden mitteilen. Loben Sie diese eine Sache in den höchsten Tönen.

Um zu unserem Bild vom Scheunenbau zurückzukehren: An welcher Phase haben die meisten Menschen am meisten Spaß – an der Planung, der Durchführung oder dem Ausklang? Die meisten Menschen haben die größte Freude an Planung und Ausklang.

Aber welche Phase betonen wir meist am stärksten? Zweifellos die Durchführung. Wenn die erste und die letzte Phase jedoch vernachlässigt werden, wirkt das demotivierend auf die Mitarbeiter. Man ignoriert dabei nämlich die Bedeutung von sozialen Beziehungen. Wenn Sie alle drei Phasen beachten, wird Ihnen das helfen, eine Arbeit aufzubauen, bei der die Menschen gerne mitmachen, weil sie ihnen lohnend erscheint. Teamarbeit muß Spaß machen. Am Ende muß eine Belohnung oder ein Fest stehen, will man auch für weitere Projekte motiviert bleiben.

Bei der Zusammenstellung Ihres Teams müssen Sie folgende vier Punkte bedenken. Diese Richtlinien werden Ihnen helfen, diejenigen, die in Ihrem Team mitwirken sollen, auszuwählen und auszubilden.

Schritt 1: Suchen Sie Christen mit Leiterschaftspotential

Gott hat jedem Gläubigen geistliche Gaben gegeben. Eine Gemeinde, die wachsen will, muß es lernen, den Gemeindegliedern dabei zu helfen, ihre Gaben zum Bau der Gemeinde einzusetzen. Wenn Sie auf der Suche nach potentiellen Leitern sind, sollten Sie zunächst nach Christen Ausschau halten, denen Gott die Gabe der Leitung oder die Gabe der Organisation gegeben hat.

Allerdings ist Begabung nur eins von mehreren Kriterien, die ein christlicher Leiter erfüllen sollte. In der Bibel werden folgende weitere Punkte genannt:

- Er zeichnet sich durch Liebe zu Gott und den Menschen aus (Mt. 22,37-40). Die Schrift gebietet uns, Gott und unseren Nächsten mit allem, was wir sind und haben, zu lieben. Für John Wesley war das Hauptkriterium bei der Auswahl von Leitern, daß jemand „in einer lebendigen Beziehung zu Gott steht und Gott und die Menschen von ganzem Herzen liebt".

- Er dient bereitwillig (Mt. 20,26). Unser Herr selbst gab uns das beste Beispiel dafür, indem er dadurch leitete, daß er anderen diente. Menschen werden einem Leiter nur dann freiwillig folgen, wenn sie wissen, daß er auch für sie sorgt.

- Er ist bereit, ständig zu lernen (Phil. 3,12.13). Wenn ein zukünftiger Leiter effektiv arbeiten soll, muß er sich seiner Unvollkommenheit bewußt und begierig sein, zu lernen und weiterzukommen.

- Er ist auf sein persönliches geistliches und charakterliches Wachstum bedacht (1. Tim. 3,1-13). Im ersten Timotheusbrief werden wichtige Kriterien genannt, die diesen Bereich betreffen.

Ihre Gedanken:

- Schreiben Sie hier alle Namen der Personen in Ihrer Gemeinde bzw. Gruppe auf, die den Kriterien eines potentiellen Leiters entsprechen. Entscheiden Sie dann im Gebet, in welche Personen Sie in Zukunft besonders viel Zeit investieren sollten.

____

____

____

____

Schritt 2: Konzentrieren Sie Ihre Energie auf jetzige und zukünftige Leiter

Gordon MacDonald hat in einem Beitrag in der Zeitschrift *Leadership* vier Menschengruppen unterschieden:

SWL = sehr wichtige Leute (jetzige Leiter)
SEL = sehr entwicklungsfähige Leute (zukünftige Leiter)
SNL = sehr nette Leute
SAL = sehr anstrengende Leute

In jeder Gemeinde sind alle vier Typen vertreten. Zu den ersten beiden Kategorien ist nichts weiter zu sagen. Die dritte Gruppe, die SNL, ist überall stark vertreten. Meine Frau und ich sind gerne mit SNLs zusammen. Personen dieses Typs werden ihre Nase nie in Dinge stecken, die sie nichts angehen, und sind auch sonst sehr umgänglich; auf SNLs kann man sich immer verlassen; diese Leute stehen gewöhnlich fest im Glauben und sind bereit, die Leiter zu unterstützen. Die vierte Gruppe dagegen hat ein großes Talent entwickelt, christlichen Leitern Zeit und Energie zu rauben.

Mit welcher Gruppe verbringt ein Leiter die meiste Zeit? Die Antwort lautet: In der Regel beanspruchen die SALs die meiste Zeit. Mit welcher Gruppe sollte ein Leiter Ihrer Meinung nach mehr Zeit verbringen, wenn er seine Arbeit effektiver gestalten will? Antwort: mit SWLs und SELs.

Nehmen Sie sich Ihren Terminkalender vor und vergegenwärtigen Sie sich die letzten drei Monate. Tragen Sie nun jede Verabredung, die sie hatten, in eine der vier untenstehenden Kategorien ein. (Ich rate Ihnen, die Eintragungen irgendwie zu verschlüsseln, für den Fall, daß dieses Buch aus Versehen in falsche Hände gerät.) Finden Sie heraus, mit wem Sie gegenwärtig Ihre Zeit verbringen. Gehen Sie ins Gebet und fragen Sie den Herrn, mit wem Sie Ihre Zeit in Zukunft verbringen sollten.

Pastoren mit der Gabe des Hirtendienstes oder der Seelsorge konzentrieren ihre Aufmerksamkeit oftmals auf diejenigen, die am lautesten schreien. Damit erliegen sie der Versuchung, sich vom Dringlichen tyrannisieren zu lassen und das Wichtige zu vernachlässigen. Das bedeutet natürlich nicht, daß ein Leiter Menschen mit persönlichen Problemen ignorieren sollte. Aber wenn Sie langfristig effektiv arbeiten und vielen problembeladenen Menschen helfen wollen, dann sollten Sie den größten Teil Ihrer Zeit mit Menschen verbringen, die entwicklungsfähig sind.

Ihre Gedanken:

- Tragen Sie hier diejenigen Personen ein, mit denen Sie innerhalb der letzten Monate Zeit verbracht haben. Versuchen Sie, die Namen einer der vier Kategorien zuzuordnen.

SWLs	**SELs**	**SNLs**	**SALs**
______	______	______	______
______	______	______	______
______	______	______	______
______	______	______	______
______	______	______	______
______	______	______	______
______	______	______	______

- Mit welcher Personengruppe haben Sie die meiste Zeit verbracht?

____

- Mit folgenden Personen aus der Gruppe der SELs werde ich in Zukunft mehr Zeit verbringen:

____

____

____

Schritt 3: Schulen Sie die zukünftigen Leiter

Eine Möglichkeit, potentielle Leiter voranzubringen, besteht darin, das auf den Seiten 82-84 beschriebene Formular zur Bewertung von Mitarbeitern zu benutzen. Ich habe dieses Formular zusammen mit Doug, einem SEL aus unserer Gemeinde, angewandt. Ich hatte darum gebetet, daß Gott mir die Schlüsselpersonen, denen ich besonders viel Zeit widmen sollte, zeigen möge. Doug war einer derjenigen, die Gott mir in diesem Prozeß aufs Herz legte. Als wir gemeinsam das Formular durchgingen, einigten wir uns auf die Bereiche, in denen Doug weiter geschult werden sollte. Mittlerweile gehört Doug zu den SWLs unserer Gemeinde.

Ihre Gedanken:

- Welche Angebote gibt es in Ihrer Gemeinde, um potentielle Leiter zu schulen?

____

____

____

- Welche Angebote werden Sie innerhalb der nächsten sechs Monate einführen?

____

____

____

____

____

Schritt 4: Etablieren Sie einen Jüngerschaftsprozeß

Effektive Schulung beinhaltet drei Aspekte: *Orientierung, Beteiligung, Zurüstung*. Die gängigen Ausbildungsmodelle verlaufen nach dem Muster: Orientierung, Zurüstung, Beteiligung (in dieser Reihenfolge). Aber diese Reihenfolge ist falsch!

Jesus hat seine Jünger in einem Schnellkurs belehrt, wie sie in Zweierteams hinausgehen und den Menschen dienen sollten. Unmittelbar darauf hat er sie dann ausgesandt. Der Mensch lernt am besten „on the job". Während man etwas tut, stellt man fest, wo es einem an Wissen mangelt.

Die Jünger hatten mit großem Erfolg Dämonen ausgetrieben. Aber dann sahen sie sich plötzlich in einer Situation, in der ein Dämon nicht weichen wollte. Die Jünger gingen zu Jesus zurück und fragten ihn: „Jesus, was ist passiert? Wir waren die ganze Zeit so erfolgreich; jedesmal wenn wir versucht haben, einen Dämon auszutreiben, hat es funktioniert. Aber mit diesem hier kommen wir nicht klar!"

Jesus antwortete: „Diese Art läßt sich nur durch viel Gebet und Fasten austreiben."

Warum hatte Jesus das nicht in einem Kurs „Dämonologie für Anfänger" gelehrt? Vielleicht hatte er es getan, aber die Jünger konnten sich nicht mehr daran erinnern. Es war ihnen damals nicht wichtig gewesen. Nach dieser Erfahrung jedoch würden sie nie mehr vergessen, daß sich die besonders zähen Dämonen nur durch viel Gebet und Fasten vertreiben lassen. Deshalb ist es wichtig, die Menschen schon gleich nach der Orientierung am Dienst zu beteiligen.

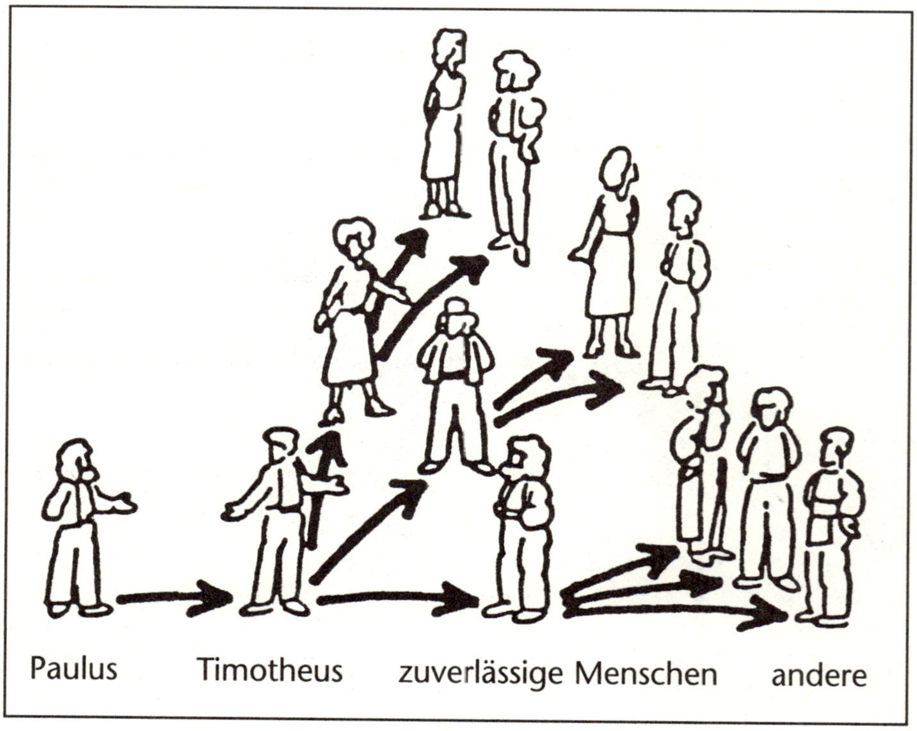

Abb. 21: Wachstum durch Multiplikation der Leiterschaft (Jüngerschaftsprozeß)

Die vier Phasen des Jüngerschaftsprozesses

Ein effektiver Jüngerschaftsprozeß unterteilt sich in vier Phasen:

a. Ich tue etwas, und du schaust mir dabei zu (Beobachtung und Vorbild).

b. Ich tue etwas, und du hilfst mir dabei (begrenzte Beteiligung).

c. Du tust etwas, und ich helfe dir dabei (Unterstützung, Auswertung).

d. Du tust etwas, und ich beobachte dich dabei (voll ausgebildet, Ermutigung).

Phase 1: Ich tue etwas, und du schaust mir dabei zu.

Die Bedeutung eines Vorbildes kann nicht hoch genug eingeschätzt werden. In unserer Gemeindegründungsarbeit haben wir beobachtet, daß die Effektivität der ausgesandten Gemeindegründer in direkt proportionalem Verhältnis dazu steht, in welchem Maße sie selbst Erfahrungen in einer gesunden und wachsenden Gemeinde machen konnten. Diejenigen, die viel Zeit in unserer Gemeinde verbracht haben und ausreichenden Einblick in unsere Gemeindephilosophie erhalten konnten, erzielten die größten Erfolge. Andere, die weniger Gelegenheiten hatten, in wachsenden Gemeinden zu lernen, hatten größere Schwierigkeiten.

Phase 2: Ich tue etwas, und du hilfst mir dabei.

Wenn Sie jemanden zum Hauskreisleiter ausbilden, dann könnte man damit beginnen, daß er bei einem der nächsten Hauskreistreffen die Zeit des gemeinsamen Austauschs leitet. So helfen Sie der betreffenden Person, für einen Teil des Hauskreisabends Verantwortung zu übernehmen und in diesem Bereich positive Erfahrungen zu sammeln. Danach sprechen Sie gemeinsam darüber, wie der Abend gelaufen ist, Sie geben dem angehenden Leiter positive Verstärkung und stimmen miteinander ab, was man beim nächsten Mal besser machen könnte.

Phase 3: Du tust etwas, und ich helfe dir dabei.

Nun beginnen Sie, die Zügel lockerer zu lassen. Es ist ähnlich wie in der Fahrschule. In einem Fahrschulauto hat sowohl der Schüler als auch der neben ihm sitzende Fahrlehrer alle Pedale. So kann er in das Geschehen eingreifen, wenn der Schüler einen groben Fehler macht oder einen Unfall provoziert. Aber wirklich auch nur dann!

Phase 4: Du tust etwas, und ich beobachte dich dabei.

Die letzte Phase ist erreicht. Ihr Lehrling ist nun fertig ausgebildet. Sie sollten ihn weiterhin ermutigen und unterstützen. Betrauen Sie ihn mit der Aufgabe, nun seinerseits einen weiteren Christen anhand des Vier-Phasen-Modells auszubilden.

Ihre Gedanken:

- In welchen Bereichen Ihrer Gemeinde wird bereits nach dem Jüngerschaftsprinzip gearbeitet?

- Wo könnte zusätzlich nach dem Jüngerschaftsprinzip gearbeitet werden?

- Was muß getan werden, damit das Jüngerschaftsprinzip mehr und mehr die gesamte Gemeindearbeit prägt?

- Welche Personen werden Sie in den nächsten sechs Monaten in die Jüngerschaft nehmen?

Kapitel 7:

Der Schlüssel heißt Delegation

Die persönlichen Kapazitäten des Leiters stehen immer hinter der Menge der zu erledigenden Arbeit zurück. Diese Kluft kann nur überbrückt werden, indem man delegiert.

Delegation als biblisches Konzept

Schauen Sie sich Exodus 18,7-27 an. Als Moses Schwiegervater Jethro seine Töchter fragte, ob alles in Ordnung sei, antworteten sie: „Wir bekommen Mose nicht mehr oft zu Gesicht. Er arbeitet sehr viel; oft steht er schon vor Tagesanbruch auf und kommt kaum zum Essen nach Hause. Der Arme schuftet sich noch zu Tode. Wir sind um seine Gesundheit sehr besorgt."

Deshalb bat Jethro, Mose am nächsten Tag begleiten zu dürfen. Nachdem er den ganzen Tag beobachtet hatte, wie Mose ununterbrochen von Menschen umringt war, die ungeduldig in der heißen Wüstensonne warteten, bis sie an die Reihe kamen, fragte er Mose: „Was machst du eigentlich mit den Leuten? Warum richtest du allein, während sich die Menschen von morgens bis abends um dich drängen?"

Jethro hatte das Problem erkannt: Mose war überarbeitet. Er hatte die Aufsicht über zu viele Menschen.

Das „Jethro-Prinzip"

In der Anfangsphase unserer Gemeindearbeit stand ich vor einem ähnlichen Problem. Ich fühlte mich völlig entmutigt, ohne daß ich zunächst wußte, warum. Dann bewegte der Herr mich dazu, ein Organigramm zu erstellen, und ich erkannte, *warum* ich mich so müde und uneffektiv fühlte: Mir waren 27 Personen direkt unterstellt.

Im Vergleich dazu mußte Moses Müdigkeit jedes Maß überschritten haben. Er antwortete Jethro: „Das Volk kommt zu mir, um Gott zu befragen. Wenn sie einen Streitfall haben..., richte ich zwischen dem einen und dem anderen und tue ihnen kund die Satzungen Gottes und seine Weisungen" (Verse 15-16). Mose hatte ein gutes Herz, aber er war emotional zu sehr an die Menschen gebunden. Er hatte das Gefühl, daß er alles persönlich erledigen müßte.

„Sein Schwiegervater sprach zu ihm: Es ist nicht gut, wie du das tust. Du machst dich zu müde, dazu auch das Volk, das mit dir ist. Das Geschäft ist dir zu schwer; du kannst es allein nicht ausrichten. Aber gehorche meiner Stimme; ich will dir raten, und Gott wird mit dir sein. Vertritt du das Volk vor Gott und bringe ihre Anliegen vor Gott und tu ihnen die Satzungen und Weisungen kund, daß du sie lehrest den Weg, auf dem sie wandeln, und die Werke, die sie tun sollen" (Verse 17-20). Er klärte Moses Rolle als oberster Lehrer. Durch die Lehre würde das Volk *Beispiel und Weisung* erhalten.

„Sieh dich unter dem ganzen Volk um nach redlichen Leuten", riet Jethro. „Leute, die Gott fürchten, wahrhaftig sind und dem ungerechten Gewinn feind." Diese Menschen sollten grundsätzlich gesunde Gottesfurcht und Liebe zu Gott haben, vertrauenswürdig und unbestechlich sein. Das waren die Qualifikationen, die zugrundegelegt wurden. „Die setze über sie als Oberste über tausend, über hundert, über fünfzig und über zehn", fuhr er fort (Vers 21). Man nennt dies das „Jethro-Prinzip". Mose benutzte dieses Prinzip, um die Betreuung des Volkes Israel zu organisieren.

Des weiteren vereinbarte Jethro: „Sie sollen das Volk allezeit richten. Nur wenn es eine größere Sache ist, sollen sie diese vor dich bringen, alle geringeren Sachen aber sollen sie selber richten" (Vers 22). Hier wird ein wichtiges Managementprinzip beschrieben: Zunächst wird immer versucht, ein aufkommendes Problem auf einer möglichst niedrigen Ebene zu lösen. Der

Oberste über zehn soll versuchen, das Problem zu bewältigen. Wenn dieser den Fall nicht klären kann, reicht er ihn an die nächsthöhere Instanz, den Obersten über fünfzig, weiter. Gelingt es diesem nicht, leitet er weiter an den Obersten über hundert, dann geht es zum Obersten über tausend – und erst ganz zuletzt zu Mose. Auf diese Weise hatte Mose nur die wirklich schwierigen Fälle zu lösen. Genau dafür werden Leiter auch bezahlt.

Wichtig ist Vers 23: „Wirst du das tun, so kannst du ausrichten, was dir Gott gebietet, und dies ganze Volk kann mit Frieden an seinen Ort kommen." Mose hörte auf seinen Schwiegervater und tat alles, was dieser ihm sagte.

Delegation im Neuen Testament

Auch das Neue Testament schildert eine Situation, die Delegation erforderlich machte. In Apostelgeschichte 6,1 lesen wir: „In diesen Tagen aber, als die Zahl der Jünger zunahm, erhob sich ein Murren unter den griechischen Juden in der Gemeinde gegen die hebräischen, weil ihre Witwen übersehen wurden bei der täglichen Versorgung."

Daraufhin riefen die Zwölf die Christen zusammen und sagten: „Wir werden alles in unserer Kraft stehende versuchen, um dieser Aufgabe gerecht zu werden. Wir werden noch früher aufstehen und sehen, ob wir nicht täglich ein paar Tische mehr versorgen können. Außerdem werden wir abends länger arbeiten. Es tut uns wirklich leid, daß wir diese Bedürfnisse bisher nicht befriedigen konnten, und werden nun versuchen, uns zu bessern." Steht es nicht so in Ihrer Bibel? Nein, so steht es wirklich nicht dort.

„Es ist nicht recht, daß wir für die Mahlzeiten sorgen und darüber das Wort Gottes vernachlässigen", antworteten sie (Vers 2). Sie setzten Prioritäten. Beachten Sie, daß sie sich nicht zu gut dafür waren, bei Tisch zu dienen – sie hatten bisher ja genau das getan. Aber zusätzlich zu allem anderen wurde diese Aufgabe so groß, daß sie zuviel Zeit ihres Dienstes in Anspruch nahm.

Aus Vers 2 und 4 wird deutlich, wie die Apostel ihre Rolle klärten: Sie würden in Zukunft ihre Aufmerksamkeit auf das Gebet und den Dienst am Wort konzentrieren. Vers 3 lautet: „Darum, ihr lieben Brüder, seht euch um nach sieben Männern in eurer Mitte, die einen guten Ruf haben und voll heiligen Geistes und Weisheit sind, die wir bestellen wollen zu diesem Dienst." Dies waren die Auswahlkriterien. Der Vorschlag gefiel der gesamten Gruppe. Sie wählten sieben Personen aus, die sie dann den Aposteln vorstellten, die für sie beteten und ihnen die Hände auflegten, um die Wahl zu bestätigen.

Beachten Sie das Ergebnis: „Und das Wort Gottes breitete sich aus, und die Zahl der Jünger wurde sehr groß in Jerusalem. Es wurden auch viele Priester dem Glauben gehorsam" (Vers 7).

Die Jünger versuchten nicht, die Probleme, die sich aus dem Wachstum ergaben, dadurch zu lösen, daß sie härter arbeiteten. Vielmehr lösten sie sie, indem sie Verantwortlichkeiten an andere delegierten.

In Epheser 4,11.12 nennt Paulus die Schlüsselfunktionen innerhalb einer Gemeinde. Es sind die Dienste der Apostel, Propheten, Evangelisten, Hirten und Lehrer. Diese sollen das Volk Gottes zum Dienst zurüsten. Zwar gibt es in vielen Gemeinden einen Pastor, der als „Mädchen für alles" emsig alle anfallenden Aufgaben persönlich erledigt. Aber das Endergebnis ist letztlich nur ein überarbeiteter Pastor – und eine unterentwickelte Gemeinde.

Es geht um mehr als Zeitersparnis

Der Hauptzweck der Delegation besteht nicht darin, Arbeit loszuwerden, die man selbst nicht gerne macht. Vielmehr soll anderen Menschen die Möglichkeit zum Wachstum gegeben werden.

Als Leiter sind wir verantwortlich dafür, die geistlichen Bedürfnisse der Menschen, die uns anvertraut sind, zu berücksichtigen. Indem sie einen Dienst übernehmen, reifen die Menschen heran und werden immer mehr zu dem, was Gott aus ihnen machen möchte.

Die Gemeindephilosophie unserer Gemeinde besagt, daß jeder Christ, der einen neuen Dienst übernimmt, in einen Jüngerschaftsprozeß eintritt. In unserer Gemeinde gibt es keinen speziellen Jüngerschaftskurs, sondern das Jüngerschaftsprinzip ist fest in allen gemeindlichen Arbeitsbereichen verankert.

Schritt 1: Stellen Sie fest, was Sie delegieren können

Die meisten Routinearbeiten – wie Post sortieren, Briefe schreiben, Rechnungen bezahlen und Bestellungen aufgeben – können delegiert werden. Delegieren Sie Aufgaben von geringerer Priorität, so daß Sie sich auf Angelegenheiten von hoher Priorität konzentrieren können.

Was können Sie delegieren, was nicht? Wenn Sie über diese Frage nachdenken, ist es hilfreich, folgende Schritte zu beachten:

a. Listen Sie alle laufenden Aktivitäten auf.

b. Fassen Sie die Aufgaben in Gruppen zusammen.

c. Streichen Sie unnötige Aktivitäten.

d. Unterstreichen Sie die Aufgaben, die auch jemand anders übernehmen kann.

e. Kreuzen Sie all das an, was nur Sie selbst ausführen können. (Seien Sie vorsichtig, denn dies sollten nur einige wenige Dinge sein!)

f. Fügen Sie wichtige Aktivitäten an, die Sie in der frei gewordenen Zeit neu übernehmen können.

Die Energie konzentrieren

Vor einiger Zeit hielt ich einen Vortrag zum Thema „Delegation“. Dabei meldete sich ein Pastor zu Wort und fragte: „Aber was ist, wenn alles, was zu tun ist, nur von einem selbst erledigt werden kann?“ Am nächsten Tag ging ich mit dem betreffenden Pastor essen, und dabei stellte sich heraus, daß dieser seinen Gemeindebrief selbst tippte und kopierte; zwei Beispiele, die ich am Tag zuvor als Bereiche angeführt hatte, in denen Delegation möglich ist. Ich fragte ihn, warum er alles selbst tippe.

„Das ist einfach zu beantworten“, erwiderte der Pastor. „Ich tippe die Artikel, weil niemand in der Gemeinde so schnell Schreibmaschine schreiben kann wie ich.“

Ich entgegnete: „Gibt es jemanden in der Gemeinde, der die Artikel genau so ordentlich schreiben kann wie Sie?“

Arbeitsblatt 11:

Delegations-Formular

Laufende Aktivitäten	Muß ich es ausführen? Muß es überhaupt getan werden? Kann es jemand anderes machen?
Krankenbesuche	Seelsorge-Team fragen
~~Bibelstunde halten~~	streichen
Predigen	X
~~Gesprächskreis leiten~~	streichen
regelm. MA-Gespräche	X
Verwaltung	an Co-Pastor delegieren
Schulungen für MA	ca. 30% durch Gast-Referenten
Gemeindevorst. leiten	X
Hk-Leiter betreuen	Koordinatoren einsetzen
Bau-Ausschuß leiten	Ralf Dörke
~~Mitarbeit im Stadtverband~~	streichen
Evangel. Hausbesuche	„Oikos-Gruppe" fragen
Predigten abtippen	Sieglinde Mielke
Gemeindebrief	(?) Person finden
Leitung des ev. Hk	Co-Leiter
<u>in der freigewordenen Zeit:</u>	
· Hk-Koordinatoren	
schulen + betreuen	
· gezielte evangelistische	
Hausbesuche	
· mehr Zeit für	
Predigt-Vorbereitung	

Abb. 22: Das Delegations-Formular hilft Ihnen, Ihre Kraft auf die wichtigsten Punkte zu konzentrieren

Der Pastor überlegte einen Augenblick, dann sagte er: „Ja, eine Frau gibt es da wohl – aber sie schreibt nur vierzig Wörter pro Minute."

Nachdem ich eine Weile mit ihm geredet hatte, begann der Pastor zu begreifen, daß er dieser Frau die Gelegenheit raubte, einen nützlichen Dienst für den Herrn zu tun (auch wenn sie dreimal so lang brauchte, um einen Artikel zu schreiben). Der Pastor könnte seine Zeit und Energie dann für Dinge einsetzen, die nur er erledigen kann. Schließlich ging der Pastor mit einer neuen Perspektive nach Hause – bereit für produktivere Arbeit.

Ordnen Sie die Aufgaben, die Sie delegieren wollen, nach Prioritäten, so daß Sie die wichtigsten an die qualifiziertesten Mitarbeiter delegieren.

Ihre Gedanken:

- Listen Sie auf dem Delegationsformular, das Sie als Arbeitsblatt 11 auf Seite 153 finden, alle laufenden Aktivitäten auf, die Sie derzeit zu erledigen haben. Fragen Sie sich dabei:

1. Muß ich diese Aufgabe ausführen?

2. Muß sie überhaupt getan werden?

3. Kann jemand anders es übernehmen?

Schritt 2: Verfassen Sie eine erste Aufgabenbeschreibung

Bevor Sie eine Aktivität delegieren, müssen Sie eine ziemlich genaue Vorstellung davon haben, was die Übernahme der Aufgabe mit sich bringt. Wenn Sie sich darüber klar geworden sind, können Sie feststellen, welche Personen für diese Aufgabe am ehesten geeignet sind. Entwerfen Sie keine endgültige Aufgabenbeschreibung, bevor Sie diese nicht mit der Person, die Sie für die entsprechende Aufgabe ausgewählt haben, besprochen und auf diese zugeschnitten haben.

Eine Aufgabenbeschreibung sollte folgendes beinhalten:

a. *Bezeichnung der Aufgabe* – Hier sollte die auszuführende Arbeit so exakt wie möglich beschrieben werden.

b. *Ziel* – Hier sollte das zu erreichende Endergebnis der Aufgabe beschrieben werden.

c. *Teilaufgaben* – Zählen Sie die einzelnen Aktivitäten auf, die bis zur Erreichung des Endergebnisses anfallen.

d. *Bezugsperson* – Wem ist der Mitarbeiter verantwortlich? Wem muß er Bericht erstatten? Mit wem wird er eng zusammenarbeiten?

e. *Qualifikationen* – Führen Sie auf, welche Voraussetzungen der Mitarbeiter erfüllen sollte, um die Aufgabe effektiv erledigen zu können (geistliche Gaben, Charaktereigenschaften, Fachwissen, Interessen).

f. *Schulungsangebote* – Dieser Punkt muß gemeinsam mit der betreffenden Person, die die Aufgabe ausführen soll, entwickelt werden. Sie sollten sich dennoch schon vorher einige Gedanken darüber gemacht haben.

Ihre Gedanken:

- Suchen Sie sich von den Aufgaben, die Sie im letzten Abschnitt aufgelistet haben und die Sie gerne delegieren würden, eine aus. Entwickeln Sie anhand von Arbeitsblatt 12 (Seite 155) eine erste Aufgabenbeschreibung.

Arbeitsblatt 12:

Aufgaben-Beschreibung

Aufgabe	Datum
Leitung eines ev. Hauskreises	1.8.91

Ziele
Neue anziehen; zum Glauben führen; in Gemeinde integrieren; innerhalb von 6 Mon. Gruppe teilen

Teilaufgaben
gemeinsam mit Koordinator Konzept erarbeiten; „Grundkurs des Glaubens" durchführen; Leitungsteam finden + schulen; Co-Leiter aufbauen

Bezugspersonen	
Verantwortlich für:	Leitungsteam + Hk-Mitglieder
Verantwortlich gegenüber:	Hk-Koordinator + Pastor
Zusammenarbeit mit:	Ressortleiter „Evangelisation"

Geistliche Gaben	Fähigkeiten/Interessen
Evangelisation	positive Ausstrahlung
Hirtendienst bzw. Leitung	gerne mit Menschen arbeiten
ggf. Lehren	

Zeitlicher Aufwand	Dauer der Aufgabe
ca. 8 Std./Woche	1 Jahr (min.)

Schulungen
14tägige Leiter-Schulungen besuchen; 2-3 Glaubenskurse durcharbeiten; 2 „Modell-Gemeinden" besuchen

Bemerkungen

Abb. 23: Beispiel für eine Aufgabenbeschreibung

Schritt 3: Suchen Sie potentielle Mitabeiter

Wenn Sie an diesem Punkt angelangt sind, sollten Sie sich noch einmal klar machen, daß es nicht nur darum geht, eine Aufgabe zu erledigen, sondern auch darum, Christen die Möglichkeit zu geben, im Glauben zu wachsen und ihre Persönlichkeit weiterzuentwickeln. Bei der Auswahl von potentiellen Mitarbeitern sind folgende Schritte hilfreich:

a. Listen Sie alle in Frage kommenden Personen, an die Sie die Aufgabe delegieren könnten, auf. Streichen Sie keinen Namen zu schnell!

b. Werden Sie sich im Gebet über die Stärken, Schwächen und Entwicklungsmöglichkeiten jeder einzelnen Person klar.

c. Schreiben Sie für jede Aktivität in der Rangfolge der Prioritäten die Personen auf, von denen Sie glauben, daß Gott sie in diesem Dienst sehen möchte.

d. Vereinbaren Sie einen Termin mit der Person, auf die Ihre erste Wahl fiel.

e. Treffen Sie sich mit dieser Person und klären Sie mit ihr:

- Was diese Aufgabe beinhaltet (Aufgabenbeschreibung).

- Was Sie dazu beitragen könnten, daß die Person erfolgreich arbeiten kann.

- Welchen Aufwand an Zeit und Kraft die entsprechende Aufgabe erfordert.

f. Lassen Sie Ihren Kandidaten im Gebet die Kosten überschlagen und selbst entscheiden, ob das, was Sie ihm vorgeschlagen haben, zu diesem Zeitpunkt *Gottes Plan* für sein Leben entspricht. Ich jedenfalls möchte, daß die Leute zu mir sagen: „Bob, ich glaube, Gott will, daß ich diese Aufgabe übernehme." Das versetzt mich in die Position eines dienenden Leiters, der den Menschen hilft, ihrer Berufung gemäß zu leben. Das ist für den gesamten Prozeß der Motivation und der Schulung von großer Bedeutung!

g. Tragen Sie die Antwort Ihres Kandidaten auf Ihrer Liste ein. Geben Sie der Person deutlich zu verstehen, daß Sie nur wollen, daß die Arbeit von ihr übernommen wird, wenn dies auch dem Willen Gottes entspricht. Auch ein Nein ist eine Antwort, die Sie akzeptieren müssen. Bedanken Sie sich in einem solchen Fall bei der Person dafür, daß sie alles genau bedacht hat – und wenden Sie sich dann dem nächsten Kandidaten auf Ihrer Liste zu.

h. Fahren Sie in dieser Weise fort, bis Sie die Aufgabe jemandem übertragen konnten. Wenn niemand zur Verfügung steht, der qualifiziert ist und diese Aufgabe gerne übernehmen möchte, sollten Sie sich fragen:

- Möchte Gott wirklich, daß dies getan wird? Ich erinnere mich an einen Fall, als ich drei oder vier Personen bat, eine bestimmte Aufgabe zu übernehmen, und keiner zusagte. Nachdem ich noch einmal darüber nachgedacht hatte, wurde mir bewußt, daß diese Personen sehr feinfühlig für das Reden des Heiligen Geistes gewesen waren, denn es stellte sich heraus, daß die Zeit für das geplante Projekt noch nicht reif gewesen war.

- Tun wir irgend etwas, was nicht auf Gottes Tagesordnung steht? Sie können davon ausgehen, daß Gott in einer Gemeinde immer genügend begabte Leute zur Verfügung stellt, um das auszuführen, wozu er diese Gemeinde berufen hat. Aber wenn eine Gemeinde ihre Mitarbeiter mißbraucht, indem sie sie Dinge tun läßt, die nicht Gottes Willen entsprechen, kann es sein, daß für die Dinge, die Gott tatsächlich verwirklicht sehen möchte, keine Person mehr zur Verfügung steht.

- Können wir Aufgaben umverteilen? Es kann sein, daß jemand, der schon seit längerer Zeit einen bestimmten Dienst ausübt, gerne in einen anderen Bereich wechseln möchte.

i. Bringen Sie die Aufgabenbeschreibung zum Abschluß. Damit der Mitarbeiter das von ihm Erwartete leisten kann, müssen Sie sicherstellen, daß die niedergeschriebenen Aussagen das Ergebnis Ihrer gemeinsamen Überlegungen sind. Für den Mitarbeiter muß deutlich sein, daß die Aufgabenbeschreibung in gleicher Weise seine eigene wie Ihre Schöpfung ist.

Ihre Gedanken:

- Schreiben Sie hier auf, an welche Personen die Aufgabe, für die Sie im letzten Abschnitt eine Aufgabenbeschreibung entwickelt haben, delegiert werden könnte:

____

____

____

Schritt 4: Sorgen Sie für fortlaufende Unterstützung

Supervision ist die Kunst, durchschnittliche Menschen zu überdurchschnittlichen Leistungen herauszufordern. Das ist nur zu erreichen, indem wir die Menschen, die eine Aufgabe übernommen haben, auch unterstützen. Achten Sie darauf, daß die Erfolge des Mitarbeiters bekannt werden. Ertappen Sie andere dabei, wenn diese etwas gut machen. Sprechen Sie Ihre Anerkennung aus oder schreiben Sie ein paar Zeilen des Dankes, denn das unterstützt positive Verhaltensmuster.

Die Position von Leitern bringt es mit sich, daß diese häufig positive Aussagen über andere hören. Sorgen Sie dafür, daß jedes Lob, das Sie über einen Ihrer Mitarbeiter hören, an diesen weitergeleitet wird. Wenn die Menschen erfahren, daß Ihre Arbeit geschätzt wird, wirkt das sehr motivierend!

Andrew Carnegie, einer der berühmtesten amerikanischen Industriellen, betonte immer wieder, daß in seiner Firma viele Menschen angestellt seien, die wesentlich begabter als er selbst seien. Sie würden ihr letztes für ihn geben, weil er sie immer wieder an den spannenden Planungsphasen, am Arbeitserfolg und dem tatsächlichen Gewinn beteiligte.

Entdecken Sie die Fähigkeiten der Menschen um Sie herum und bieten Sie ihnen Möglichkeiten, diese weiterzuentwickeln. Bitten Sie sie um ihre Meinung und ihre Ratschläge. Geben Sie Ihren Mitarbeitern einen anerkennenden Schlag auf die Schulter, wenn sie eine Sache gut gemacht haben, und achten Sie darauf, daß Sie den Erfolg der Arbeit mit allen teilen, die daran mitgewirkt haben.

Ihre Gedanken:

- Schreiben Sie hier die Namen von mindestens fünf Personen auf, die Sie in der nächsten Woche unbedingt loben sollten.

Name	**Wofür loben?**
1. ____________________	____________________
2. ____________________	____________________
3. ____________________	____________________
4. ____________________	____________________
5. ____________________	____________________

Schritt 5: Ziehen Sie Verantwortlichkeiten nicht wieder zurück

Wenn Sie jemandem einmal die Verantwortung für etwas gegeben haben, kann es manchmal geschehen, daß der Betreffende mit Problemen zu Ihnen zurückkommt und Sie bittet, diese zu lösen. Auch wenn Ihnen eine Lösung ganz leicht erscheint, vermeiden Sie es, die Sache selbst in die Hand zu nehmen. Helfen Sie dem anderen vielmehr, an seinem Problem zu wachsen.

In der ersten Zeit nach ihrer Gründung gab es in unserer Gemeinde 27 Personen, die mir direkt unterstellt waren. Nach einiger Zeit wurde mir bewußt, daß es wichtig ist, diese Last auf mehrere Schultern zu verteilen, und deshalb schaltete ich Bereichsleiter dazwischen. Damit begann ein interessanter Prozeß.

Zunächst rief mich noch jeder an, um irgendwelche Informationen zu erhalten, auch wenn eigentlich klar war, daß jemand anderes der offizielle Ansprechpartner war. Es dauerte sechs Monate, bis ich unseren Gemeindegliedern dieses Verhalten abgewöhnt hatte. Wenn mich jemand anrief, um einen Termin zu erfragen, sagte ich grundsätzlich, man solle sich an den jeweiligen Ansprechpartner wenden – selbst dann, wenn ich die Auskunft selber hätte geben können. Nach sechs Monaten kamen die Leute schließlich nicht mehr mit solchen Fragen zu mir. Mittlerweile ist in der Gemeinde die Meinung verbreitet, daß Herr Logan sowieso keinen Überblick über die Termine habe!

Am Ostersonntag vor zwei Jahren kam nun jemand nach dem Gottesdienst auf mich zu, um zu fragen, wann das gemeinsame Ostereiersuchen stattfinde. Es sah so aus, als sei der Betreffende neu in der Gemeinde – ich hatte ihn jedenfalls noch nie zuvor gesehen. Ich wußte nichts über ein Ostereiersuchen; ich war mir nicht einmal sicher, ob soetwas überhaupt stattfinden würde, und deshalb sagte ich, daß ich leider nicht Bescheid wüßte. Der Mann lachte und sagte, daß man ihn zuvor schon gewarnt hatte: „Den Pastor brauchst du gar nicht erst zu fragen. Der hat ohnehin von nichts eine Ahnung!" Ich betrachte diese Begebenheit als Bestätigung meiner Arbeit.

Ermutigen Sie andere, ihre eigenen Lösungsansätze zu finden, und helfen Sie ihnen, diese auch auszuprobieren. Andernfalls wird das Delegieren Ihnen selbst keine Zeitersparnis bringen, und der Mitarbeiter hat keine Möglichkeit, sich zu entfalten und zu entwickeln.

Das Ziel: geistliche Mündigkeit

Wenn Sie ein Mitarbeiter um Hilfe bittet, fragen Sie ihn zunächst immer: „Wie denkst *du* über diese Sache?" Ich stelle diese Frage so oft, daß diejenigen, die regelmäßig mit mir zusammenarbeiten, für solche Fälle schon immer eine Antwort parat haben. Auf diese Weise bringen Sie Ihre Mitarbeiter dazu, selbständig zu denken.

Wenn wir Menschen bei einer Problemlösung helfen wollen, sollten wir sie bitten, selbständig Alternativen zu entwickeln, das Für und Wider der einzelnen Alternativen abzuwägen und dann selbst eine Entscheidung zu treffen. Je selbstverständlicher ein solcher Umgang mit Mitarbeitern wird, desto mehr werden Sie erleben, daß die Mitarbeiter, die mit einem Problem zu Ihnen kommen, das Gespräch mit Ihnen bereits gründlich vorbereitet haben.

Der Mitarbeiter wird sagen: „Es geht um folgendes Problem; dies sind die zugrundeliegenden Prinzipien; ich denke, das und das steht auf dem Spiel. Ist das richtig?"

Nun hat er um Bestätigung gebeten. „Ja, das ist gut. Welche Alternativen hast du entwickelt?"

„Nun, ich kann mir nur eine Möglichkeit vorstellen. Ich habe an folgendes gedacht."

An diesem Punkt müssen Sie ihm helfen, sich weitere Alternativen zu überlegen. Wenn er reifer geworden ist, wird er an dieser Stelle sagen: „Es geht um folgendes Problem; dies sind die zugrundeliegenden Prinzipien; ich sehe folgende Alternativen. Was sollte ich tun?"

Sie können dann sagen: „Wohin tendierst du?"

„Zu Nummer drei."

„Das hört sich gut an. Geh nach diesem Plan vor." Wenn Sie die Entscheidung des Mitarbeiters nicht für gut halten, sollten Sie fragen: „Hast du auch folgendes genug durchdacht?" Am Ende des Prozesses wird der Mitarbeiter alle Phasen im Problemlösungs- und Entscheidungsfindungsprozeß selbständig durchlaufen und nur noch Ihre Bestätigung benötigen.

Ihre Gedanken:

- Was könnten Sie innerhalb der nächsten Woche konkret tun, um die Selbständigkeit Ihrer Mitarbeiter zu steigern?

Kapitel 8:

Praktische Tips für die Programmplanung

In diesem Kapitel geht es um Prinzipien, die für jeden Planungsprozeß in Ihrer Gemeinde grundlegend sind. Weil diese Prinzipien so naheliegend sind, wird ihnen oftmals nicht genügend Beachtung geschenkt.

Schritt 1: Gehen Sie zunächst auf die Bedürfnisse der Christen ein

Wenn Ihre Mitarbeiter die Taschen voller Probleme haben, wird das ihre Gedanken völlig in Beschlag nehmen. Bevor Sie eine Gruppe in einen Planungsprozeß führen können, müssen Sie den Menschen helfen, ihre Taschen auszupacken. Sie können die Taschen nicht mit neuen Plänen füllen, bevor die Probleme nicht ausgepackt worden sind.

Finden Sie heraus, was den Mitarbeitern wichtig ist und welche Punkte sie auf die Tagesordnung gesetzt haben wollen. Sie können das durch eine einfache Übung ermitteln. Lassen Sie die Mitarbeiter auf Arbeitsblättern, einer Wandzeitung oder mit Hilfe des Tageslichtprojektors die Bedürfnisse aufzählen, die sie wahrgenommen haben. Das mögen Dinge sein wie „Erneuerung der Mikrophonanlage", „Reparatur der Orgel" oder „Mehr Helfer für den Kindergottesdienst". Achten Sie in diesem Prozeß besonders darauf, daß Sie die genannten Vorschläge wortwörtlich übernehmen, ohne sie zu kommentieren, zu kürzen oder gar als belanglos abzutun.

Je mehr Leute Sie befragen, desto geringer wird die Gefahr, daß Ihnen wichtige Dinge entgehen. Pastoren, die neu in eine Gemeinde kommen, sollten diese Übung so früh wie möglich durchführen.

Als nächstes sollte die Gruppe die aufgelisteten Bedürfnisse nach ihrer Wichtigkeit ordnen. Die Prioritätensetzung wird von Person zu Person verschieden ausfallen. Ein neuer Teppich in der Krabbelstube wird für einige einen hohen, für andere einen niedrigen Stellenwert haben. Junge Mütter werden diesem Punkt oberste Priorität einräumen; bereits ergraute Kirchenvorstandsmitglieder, deren Kinder längst erwachsen sind, werden ihm wahrscheinlich eine geringe Priorität beimessen (es sei denn, sie haben ihre Enkelkinder in der Krabbelstube!).

Notieren Sie für die drei als besonders wichtig genannten Punkte die Vorteile, die sich ergeben würden, wenn man dieses Problem beseitigte. Wenn niemand einen Vorteil nennen kann, kann dieser Punkt nicht zu den drei wichtigsten gerechnet werden. Wenn Gemeindeglieder durch diesen Prozeß gehen, wird ihr Problembewußtsein für Prioritäten wachsen.

Ihre Gedanken:

- Was sind die größten Bedürfnisse in Ihrer Gemeinde? Schreiben Sie alles, was Ihnen einfällt, in die Kolumne „Bedürfnisse", ohne sich über die Rangfolge Gedanken zu machen. Anschließend numerieren Sie die einzelnen Bedürfnisse nach ihrer Wichtigkeit.

Bedürfnisse	**Kommentar**	**Wichtig-keit**

- Welchen Nutzen hätte es, wenn die drei dringlichsten Bedürfnisse befriedigt wären?

Problemlösung	**Nutzen**
1.	
2.	
3.	

Schritt 2: Entscheiden Sie, welche Probleme Sie zuerst angehen

An dieser Stelle sollten Sie einen ähnlichen Prozeß wie beim ersten Schritt durchlaufen. Lassen Sie die Mitarbeiter die wichtigsten Entscheidungen, die innerhalb der nächsten zwölf Monate zu treffen sind, auflisten. Kümmern Sie sich zunächst noch nicht um die Gewichtung der einzelnen Aussagen, sondern schreiben Sie einfach alles für jeden gut sichtbar auf.

Anstellung neuer hauptamtlicher Mitarbeiter.

Parkplatz betonieren.

Entscheiden, was gegen die Überfüllung einzelner Versammlungsräume getan werden sollte.

Festlegen, welchen Betrag die Gemeinde regelmäßig in die Mission gibt.

Sollten wir für einen Anbau einen Kredit aufnehmen oder daraufhin sparen?

Setzen Sie nun Prioritäten, indem Sie herausfinden, welche Entscheidungen die wichtigsten sind und wann diese getroffen werden sollten. Für eine gute Administration ist es sehr wichtig, daß die Dinge der Reihe nach angegangen werden. Sie können nicht alle Probleme auf einmal bewältigen. Vielleicht erinnern Sie sich an die „Brückenlegende" von Horaz?

Drei große, gefährliche Männer kamen Horaz auf einer Brücke entgegen. Da er wußte, daß er nicht alle drei auf einmal erschlagen konnte, ergriff er die Flucht. Nach einiger Zeit wurden die Abstände zwischen den dreien immer größer, denn sie liefen unterschiedlich schnell. Da kehrte Horaz um und bekämpfte siegreich jeden einzelnen – einen nach dem anderen. Genau so verhält es sich mit den Problemen in Ihrer Gemeinde. Wenn Sie sie der Reihe nach angehen, werden Sie am Ende gewinnen.

Ihre Gedanken:

- Schreiben Sie hier alle wichtigen Entscheidungen, die in den nächsten zwölf Monaten in Ihrer Gemeinde/Gruppe getroffen werden müssen, auf. Gehen Sie die Liste anschließend noch einmal durch und bewerten Sie jeden einzelnen Punkt auf einer Skala von 1 (nicht so wichtig/dringlich) bis 10 (sehr wichtig/dringlich). Setzen Sie in der letzten Spalte dann die Rangfolge fest.

Entscheidungen	Wichtigkeit (1-10)	Rang

Schritt 3: Machen Sie die Stärken Ihrer Gemeinde ausfindig

Jede Gemeinde ist ein einzigartiger Organismus. Jede erfolgreiche Gemeinde stellt ein besonderes Angebot dar. Sie weiß: Es ist nicht möglich, alle Bedürfnisse zu befriedigen und alle Menschen zu erreichen.

Das „Spezifikum" Ihrer Gemeinde sollte in Form einer „Gemeindephilosophie" fixiert werden. Eine solche Gemeindephilosophie sollte folgende Kriterien erfüllen:

Sie ist präzise: Sie muß schriftlich formuliert sein und darf nicht als selbstverständlich vorausgesetzt werden. Schreiben diszipliniert unser Denken – und während Sie die Gemeindephilosophie entwerfen, wird Gott Ihnen neue und kreative Gedanken geben.

Sie ist für jeden gültig: Die Gemeindephilosophie gilt sowohl für den Pastor als auch für die Gemeindeglieder.

Sie ist eine Glaubensaussage: Wenn Sie nicht sicher sind, ob Ihre Gemeindephilosophie auch wirklich die beste und biblisch fundierteste ist, sollten Sie noch an ihr arbeiten.

Sie ist stabil: Gemeinden, die ihre Philosophie ständig verändern, werden ihr Wachstumspotential verlieren.

Sie ist offen für Veränderungen: Diese Feststellung bildet den Gegenpol zum letzten Punkt. Nichts sollte absolut und endgültig sein. Die Gemeindephilosophie ist keine „Heilige Schrift". Wenn Fehler sichtbar werden, müssen Veränderungen vorgenommen werden. Seien Sie also flexibel, ohne ständig alles über Bord zu werfen.

Ihre Gedanken:

● Wenn Sie das „Spezifikum" Ihrer Gemeinde/Gruppe herausfinden wollen, ist es hilfreich, folgende Fragen zu beantworten:

a. Welche drei Adjektive beschreiben Ihre Gemeinde/Gruppe am besten?

b. Welche Menschen fühlen sich in Ihrer Gemeinde/Gruppe besonders wohl?

c. Welche Dinge sind in Ihrer Gemeinde/Gruppe die anziehendsten?

d. Was finden Nichtchristen in Ihrem Umfeld an Ihrer Gemeinde/Gruppe reizvoll?

e. Wen möchte Ihre Gemeinde/Gruppe erreichen? Seien Sie bei der Beschreibung Ihrer Zielgruppe so präzise wie möglich.

f. Welche Programme und Aktivitäten waren in Ihrer Gemeinde/Gruppe besonders erfolgreich? Wie messen Sie den Erfolg?

g. Was ist an den Angeboten Ihrer Gemeinde/Gruppe einzigartig bzw. unterscheidet sie von anderen Gruppen?

____

____

____

- Versuchen Sie nun, in wenigen Sätzen zusammenzufassen, wozu Gott Ihre Gemeinde/Gruppe berufen hat:

____

____

____

____

____

____

____

Schritt 4: Machen Sie die Bedürfnisse Ihrer Zielgruppe ausfindig

Der Ansatzpunkt für jede Programmplanung sind Menschen, die bestimmte Bedürfnisse haben. In der Geschäftswelt hat man dieses Prinzip gut verstanden. Erfolgreiche Geschäftsleute bieten die Waren an, die die Leute auch kaufen wollen. Sie bieten kein Produkt an, bei denen sie nicht zuvor getestet haben, welchen Widerhall es beim Konsumenten findet. Der Kunde ist König.

Wenn Sie junge Ehepaare mit kleinen Kindern erreichen wollen, welche Bedürfnisse werden diese Menschen wohl haben?

- Reinlichkeitserziehung von Kleinkindern
- Kommunikation in der Ehe
- Finanzberatung für Familien

Was beschäftigt Senioren? Oder Singles? Die Bedürfnisse der Menschen sind sehr unterschiedlich. Wenn Sie diese Bedürfnisse wirklich verstehen, wird sich das auf die Art der Programme, die Ihre Gemeinde anbietet, auswirken.

Ihre Gedanken:

- Bitte benutzen Sie das Arbeitsblatt 13 „Programmentwicklung“, das Sie auf Seite 157 finden. Listen Sie in der ersten Spalte („Menschentypen“) vier Gruppen von Menschen auf, die sich im Einzugsgebiet Ihrer Gemeinde/Gruppe finden lassen – unabhängig davon, ob sie bereits in Ihrer Gemeinde/Gruppe vertreten sind oder nicht (z.B. Senioren, Yuppies, Arbeitslose, Geschäftsleute etc.).

In der Spalte „Bedürfnisse“ listen Sie drei Bedürfnisse und/oder Interessen auf, die diese Gruppen haben könnten. Listen Sie nun in der dritten Spalte („Programmentwicklung“) für jedes Bedürfnis zwei Programme auf, sowohl bereits vorhandene als auch zukünftig mögliche, die diesen Bedürfnissen begegnen könnten. Benutzen Sie die letzte Spalte („Kommentar“), um Bemerkungen zu den Bedürfnissen und Programmen zu machen. Sollte die Idee weiter verfolgt werden? Sind die laufenden Programme für diese Bereiche unbefriedigend? Mit wem sollte man über diese Idee weiter nachdenken?

Arbeitsblatt 13:

Programmentwicklung

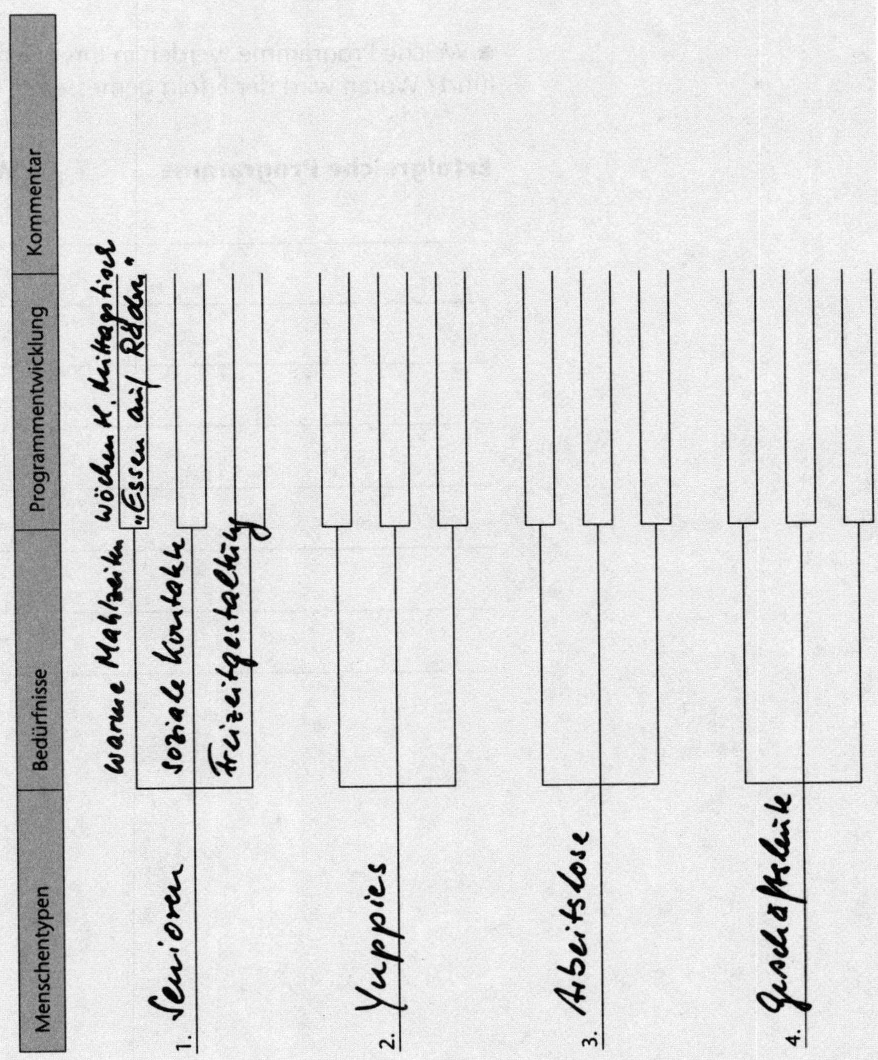

Abb. 24: Beispiel für eine zielgruppenorientierte Programmplanung

Schritt 5: Überprüfen Sie alle Aktivitäten auf ihre Effektivität

Beginnen Sie damit, daß Sie alle Aktivitäten Ihrer Gemeinde auflisten, die Sie als erfolgreich erachten. Woran messen Sie den Erfolg? Angenommen, Sie sind der Meinung, ein ausgezeichnetes Angebot für Jugendliche zu haben. Woran machen Sie „Erfolg" in diesem Bereich fest?

Notieren Sie nun die Aktivitäten, die Sie zwar gegenwärtig durchführen, die Ihnen aber uneffektiv erscheinen. Woran messen Sie die mangelnde Effektivität?

Die Untersuchung Ihrer Gemeindeprogramme bietet Ihnen die Gelegenheit, einen neuen Blick für all die „heiligen Kühe" in Ihrer Gemeinde zu bekommen. Es ist wichtig, daß Sie an alle Programme und Aktivitäten die gleichen Maßstäbe anlegen.

Ihre Gedanken:

- Welche Programme werden in Ihrer Gemeinde bereits erfolgreich durchgeführt? Woran wird der Erfolg gemessen?

Erfolgreiche Programme	**Wie wird Erfolg gemessen?**

- Welche laufenden Programme in Ihrer Gemeinde sind uneffektiv? Wie messen Sie die fehlende Effektivität?

Erfolgreiche Programme	**Wie wird Uneffektivität gemessen?**

- Welche Programme sollten gestrichen werden? Geben Sie Gründe für Ihre Entscheidung an!

- Welche der uneffektiven Programme, die Sie entdeckt haben, sollten fortgeführt, aber verbessert werden? Wie sollten die Verbesserungen aussehen?

Kapitel 9:

Der Prozeß der Ziel-aneignung

Sie können noch so wunderbare Ziele für Ihre Gemeinde haben, solange andere Menschen sich diese Ziele nicht zu eigen machen, werden Sie keinen Schritt voran kommen. Die Mitarbeiter müssen die Ziele wirklich als *ihre* Ziele empfinden, nicht als die ihres Leiters.

Investieren Sie bewußt Zeit in den Prozeß der Zielaneignung

Zur Erreichung eines Zieles sind zwei Schritte nötig:

a. Sie setzen Ziele.

b. Sie erreichen, daß sich Menschen diese Ziele zu eigen machen.

Viele Leiter verwenden viel Zeit darauf, Ziele zu setzen, aber sie versäumen zu bedenken, daß der zweite Schritt mindestens einen genauso hohen Zeitaufwand erfordert wie der erste. Es reicht nicht aus, einige schöne Glaubensziele zu formulieren, wenn man nicht genug Kraft investiert, andere zu ermutigen, in die Verwirklichung dieser Ziele miteinzusteigen. Es kann ein zeitaufwendiges Unterfangen sein, diesen Prozeß zu planen. Aber es ist gut investierte Zeit.

Ihre Gedanken:

- Schreiben Sie hier ein Ziel auf, das Ihnen derzeit am dringlichsten erscheint (und für dessen Erreichung Sie auf die Mitarbeit anderer Christen angewiesen sind):

____

____

____

- Wieviel Zeit werden Sie voraussichtlich in die Realisierung dieses Zieles investieren müssen?

__________ Stunden

- Wieviel Zeit werden Sie in den Prozeß der Zielaneignung investieren?

__________ Stunden

Beziehen Sie möglichst viele Menschen in die Planung ein

Menschen fühlen sich für etwas verantwortlich, wenn sie selbst bei dessen Entwicklung mitgeholfen haben. Außerdem macht Planen Spaß. Die Motivation einer Gruppe für ein bestimmtes Projekt wird um so größer sein, je mehr Menschen in die Planung einbezogen wurden. Wenn Ihre Mitarbeiter sehen, daß einige ihrer Ideen in ein Projekt einfließen, werden sie in der Regel sehr motiviert sein, selbst zu einem erfolgreichen Abschluß des Planes beizutragen.

Wenn Sie ein Projekt planen, sollten Sie es niemals vollständig ausformuliert haben, bevor Sie es Ihren Mitarbeitern vorlegen. Lassen Sie die Mitglieder Ihrer Planungsgruppe Ergänzungen machen und Strategien entwickeln, bis der Plan Stück um Stück an Konturen gewinnt.

Wenn ich unserem Gemeindevorstand einen Antrag vorzulegen habe, werfe ich manchmal noch einen Blick darauf, nachdem er bereits sauber getippt ist. Sehr zum Ärger meiner Sekretärin nehme ich dann einen Stift, kritzele hier etwas, streiche dort einen Absatz durch und füge einige neue Gedanken hinzu. Daraufhin fragt mich die Sekretärin stets, ob sie das Ganze noch einmal schreiben solle. „Nein", antworte ich. „Laß es so, wie es ist."

Hinter diesem auf den ersten Blick etwas sonderbar erscheinenden Verhalten steckt eine Absicht. Ein solches Papier vermittelt nämlich nonverbal die Botschaft, daß noch nicht alles fertig ist. Wenn die Leute handschriftliche Verbesserungen und Zusätze sehen, spüren sie, daß es noch erlaubt ist, an dieser Sache herumzubasteln. Wenn man ihnen ein schönes, sauber getipptes Blatt vorlegte, würden sie sich nicht ohne weiteres die Freiheit nehmen, Verbesserungsvorschläge zu machen. Deshalb sollten Sie nie einen bis ins Detail durchdachten Plan vorlegen, sondern nur ein Grundgerüst, das Ihre Mitarbeiter weiter ausschmücken und modifizieren können.

Ihre Gedanken:

- Schreiben Sie hier die Namen der Personen auf, die Sie im Blick auf das oben genannte Ziel in den Planungsprozeß einbeziehen sollten:

____

____

____

Konzentrieren Sie sich auf die „Meinungsmacher"

Meinungsmacher in Ihrer Gemeinde sind Menschen, die andere beeinflussen – egal, ob sie eine Leitungsposition innehaben oder nicht. Ohne ihre Unterstützung wird jede Zielvorgabe auf wackeligen Beinen stehen. Das ist besonders in kleinen Gemeinden zu beachten.

Machen Sie ausfindig, wer in Ihrer Gemeinde zu den Meinungsmachern zählt, indem Sie darauf achten, auf wen sich die Leute in der Gemeinde gewöhnlich berufen. Fragen Sie sich, wer die Anführer der verschiedenen gemeindlichen Untergruppen sind. Auf wen achten die Leute bei Diskussionen?

„Vorantreiber" und „Bremser"

Machen Sie außerdem „Vorantreiber" und „Bremser" ausfindig. Wenn „Vorantreiber" einen Ball zugespielt bekommen, übernehmen sie ihn und spielen ihn nach vorne; sie haben die Kraft und die Vision, ein Projekt auch bei Widerständen durchzuführen. „Bremser" dagegen sind in der Lage, einem Projekt die Zustimmung zu verweigern und dessen Durchführung zu verhindern. Beide sind Meinungsmacher – und bisweilen vereinigt ein Meinungsmacher beide Rollen in einer Person.

Sie sollten Zeit und Energie darauf verwenden, gute, vertrauensvolle Beziehungen zu den wichtigsten Meinungsmachern zu entwickeln. Verbringen Sie Zeit mit ihnen und lassen Sie sie an Ihren Ideen teilhaben. Erbitten Sie ihre Rückmeldung und zeigen Sie Achtung vor ihrer Meinung. Vor allem aber beten Sie darum, daß Gott in ihrem Leben wirkt.

Haben Sie schon einmal ein Netzdiagramm der Beziehungen in Ihrer Gemeinde oder Ihrer Gruppe erstellt? In nahezu jeder Gemeinde gibt es ausgedehnte Beziehungsgeflechte von Familien oder Freundeskreisen – z.B. eine Gruppe von Leuten aus dem selben Sportverein oder eine Gruppe von Christen, die zuvor zusammen in einer anderen Gemeinde waren. Es ist sehr interessant, diese unterschiedlichen Menschengruppen graphisch darzustellen.

Vor einigen Jahren erstellte ich eine Liste mit allen Untergruppen in unserer Gemeinde. Ich identifizierte sechzig Schlüsselpersonen als Anführer dieser Gruppen, was etwa zehn Prozent der Gemeindemitglieder ausmachte, und nahm mir vor, mit jeder dieser Personen Zeit zu verbringen. Ich sprach mit ihnen, ließ mir von ihren Träumen erzählen. Ich teilte ihnen meine Träume mit und fragte sie zu verschiedenen Themen nach ihrer Meinung.

Sichern Sie sich die Unterstützung der Meinungsmacher, bevor Sie ein neues Projekt an die gemeindliche Öffentlichkeit bringen. Diese Leute werden Sie auf die „Fettnäpfchen" aufmerksam machen, in die Sie treten könnten. Die Konzentration auf Meinungsmacher wird Ihnen ein besseres Verständnis der gesamten Gemeinde ermöglichen.

Ihre Gedanken:

● Welche Untergruppen gibt es in Ihrer Gemeinde, und wer ist die jeweilige Schlüsselperson („Meinungsmacher") in jeder dieser Gruppen? Wann werden Sie sich mit diesen Personen zusammensetzen, um mit ihnen die Zukunft der Gemeinde zu besprechen?

Gemeindliche Untergruppe	**Schlüsselperson**	**Gesprächstermin**

● Welche dieser Schlüsselpersonen sollten Sie für das oben genannte Ziel gewinnen?

____

____

____

Hören Sie aufmerksam zu

Machen Sie es sich zur Gewohnheit, andere Menschen nach ihren Ideen und Meinungen zu fragen. Will Rogers sagte, das größte Kompliment, das man jemandem machen könne, bestehe darin, ihm eine Frage zu stellen und aufmerksam auf seine Antwort zu hören. Nutzen Sie diese Wahrheit für Ihren Dienst, indem Sie aufrichtiges Interesse an den Ideen anderer zeigen und darauf hören, was sie zu sagen haben. Achten Sie dabei darauf, daß die Befragten wirklich verstehen, worauf Sie mit Ihren Fragen hinaus wollen.

Stellen Sie beispielsweise so allgemeine Fragen wie: „Was sind nach deiner Meinung die wichtigsten Dinge, die wir in den nächsten zwei bis drei Jahren angehen sollten?" Oder: „Wie könnten wir eine Jüngerschaftsschulung für Jugendliche strukturieren?"

Zeigen Sie deutlich, daß Sie den Antworten aufmerksam zuhören. Notieren Sie die Ideen oder bitten Sie die Befragten, Ihnen ihre Gedanken schriftlich mitzuteilen. Sie sollten sich auf jeden Fall für die Anregungen bedanken, egal ob Ihnen die Idee gefällt oder nicht. Diese Geste wird Ihnen auch in Zukunft die Tür zur Kreativität und zu den Ideen anderer offenhalten.

Ihre Gedanken:

- Welche Personen sollten Sie im Blick auf das oben genannte Ziel nach ihrer Meinung fragen?

____

____

____

Lassen Sie den Menschen Zeit zur Entwicklung

Je wichtiger ein Thema ist, desto mehr Zeit sollten Sie dem Nachdenken und der Interaktion widmen. Ein wichtiges Hilfsmittel in diesem Prozeß ist eine Liste mit allen Informationen, die die Gemeindeglieder brauchen, um zukünftige Veränderungen verstehen zu können. Wenn Sie beispielsweise den gabenorientierten Ansatz in Ihrer Gemeinde etablieren wollen, sollte die Informationsbörse Zeitschriftenartikel und Bücher zum Thema Geistesgaben sowie entsprechende Kassetten, Predigten und ähnliches anbieten.

Notieren Sie in der Reihenfolge der Prioritäten alle Informationen, die Sie mit den Schlüsselpersonen austauschen sollten. Beschreiben Sie kurz, welches Kommunikationsmittel Ihnen am geeignetsten erscheint (Kassetten, Bücher, Zeitschriftenartikel, Arbeitsessen, Einladungen zu sich nach Hause usw.). Je tiefgreifender die geplanten Veränderungen sind, desto mehr Zeit müssen Sie für den Kommunikationsprozeß einplanen.

Da sich Menschen eher für Dinge einsetzen, an deren Ausarbeitung sie aktiv beteiligt waren, sollte ihnen die Gelegenheit gegeben werden, so viel wie möglich selbst zu entscheiden. Das steigert nicht nur die Motivation, sondern führt in der Regel auch zu besseren Arbeitsergebnissen, als wenn alle Details von außen vorgegeben werden.

Es ist doch so, daß ein Hauskreisleiter die Situation seiner Gruppe wahrscheinlich weitaus besser einschätzen kann als Sie. Deshalb ist er bestens dafür geeignet, die meisten Entscheidungen in diesem Bereich selbst zu treffen. General George Patton riet einmal: „Sagen Sie einem Untergebenen nicht, wie er etwas machen soll. Sagen Sie ihm, was erledigt werden soll – und lassen Sie sich von seinem Erfindungsreichtum überraschen."

Ihre Gedanken:

- Listen Sie hier in der Reihenfolge der Wichtigkeit alle Informationen, die im Blick auf das oben genannte Ziel für die beteiligten Mitarbeiter wichtig sind. Tragen Sie in der nächsten Spalte ein, auf welche Weise diese Information am besten zu kommunizieren ist (Kassetten, Bücher, Artikel, persönliche Gespräche, Einladung, Seminar etc.).

Art der Information	**Kommunikationsmittel**
____________________	____________________
____________________	____________________
____________________	____________________
____________________	____________________
____________________	____________________
____________________	____________________

Veränderung ist möglich!

Ich selbst habe mich an diesen Schritten orientiert, als ich unsere Gemeinde durch einen wichtigen Prozeß führte, an dessen Ende eine umfangreiche Gemeindegründungsarbeit stand. Ungefähr 18 Monate nach Beginn des Prozesses beschloß die Gemeinde, bis zum Jahre 2.025 dreihundert neue Gemeinden zu gründen (inklusive Tochter-, Enkel-, und Urenkelgemeinden).

Um die Unterstützung der Gemeindeglieder für diesen Plan zu erlangen, unternahm die Gemeindeleitung eine Reihe von Schritten. Zunächst teilten die Leiter im Gottesdienst an alle Gemeindeglieder einen Fragebogen aus. Dann luden sie alle „Meinungsmacher" zum Essen ein. Da die Liste der Schlüsselpersonen ungefähr sechzig Namen umfaßte, unterteilten wir sie in fünf Gruppen zu je zwölf. Diese Unterteilung sollte die Interaktion erleichtern. In diesen Kleingruppen konnte man über die Zukunft der Gemeinde reden. Etwa eine Woche vor dem Gesprächstermin verschickte ich an die eingeladenen Personen Briefe, die folgende Fragen enthielten:

- Wo liegen die Stärken unserer Gemeinde?

- Was bedarf der Verbesserung?

- Mit welchen Bedürfnissen innerhalb der Gemeinde sollten wir uns in den nächsten zwei bis drei Jahre auseinandersetzen?

● Mit welchen Bedürfnissen unter den Menschen, die noch nicht zu unserer Gemeinde gehören, sollten wir uns in den nächsten zwei bis drei Jahren auseinandersetzen?

● Welche Hindernisse müssen wir überwinden, bevor wir darangehen können, neue Gemeinden zu gründen?

Die letzte Frage hatte ich sehr sorgfältig formuliert. Ich hatte nicht gefragt: „Bist du der Ansicht, daß wir neue Gemeinden gründen sollten?" Statt dessen wollte ich erfragen, was die Gemeinde daran hindern könnte, dieses geplante Ziel so schnell wie möglich anzusteuern. Das setzte voraus, daß die Gemeinde auf jeden Fall die Absicht hatte, zu gegebener Zeit neue Gemeinden zu gründen.

Zuhören, nicht bewerten

Als sich die „Meinungsmacher" dann bei uns zu Hause trafen, hatten sie zuvor bereits eine Woche Zeit gehabt, sich zu den einzelnen Punkten Gedanken zu machen. Nachdem wir miteinander gegessen hatten, gingen wir hinüber ins Wohnzimmer, um die Notizen der einzelnen zu diskutieren. Ich begann damit, die Fragen, die ich verschickt hatte, noch einmal vorzulesen; ich erklärte, daß ich an diesem Abend nur dazu da sei, zuzuhören. Ich würde lediglich dann das Wort ergreifen, wenn mir einzelne Ausführungen unverständlich seien.

Während der eineinhalb Stunden, in denen wir gemeinsam die Fragen durchgingen, schrieb ich alles Gesagte mit. Am darauffolgenden Tag tippte meine Sekretärin alle diese Notizen ab, wobei sie den Ausführungen eine Anwesenheitsliste voranstellte. Dann verschickte sie je eine Kopie davon an alle Beteiligten. Jeder Kommentar und jede Bemerkung lag nun in schriftlicher Form vor.

Nachdem ich das Material aus den Fragebögen durchgearbeitet hatte, wurde mir im Blick auf die Zukunftsplanung der Gemeinde vieles deutlich. Ich begann zwischen Bedürfnissen und Ideen zu unterscheiden. Häufig haben Leute eine sehr schlechte Idee, die sich aber an einem ganz legitimen Bedürfnis entzündet hat. Indem ich lernte, zwischen den Vorschlägen und den dahinter stehenden Bedürfnissen zu unterscheiden, erhielt ich einen guten Ansatzpunkt, wo die drängendsten Probleme lagen.

Bei den Treffen ging es mir nicht darum, rasche Entscheidungen herbeizuführen. Die Diskussion der Ideen in mehreren Etappen machte es den Leitern möglich, sich während dieser Zeit über die anstehenden Entscheidungen klar zu werden. Wenn Sie Ihre Gemeinde in einen solchen Prozeß führen wollen, kann es auch für Sie hilfreich sein, solche Treffen zu veranstalten. Wenn Sie dabei in mehreren Etappen vorgehen, wird es Ihnen nicht allzu schwer fallen, die Zustimmung Ihrer Gemeinde zu gewinnen.

Nach Abschluß dieser Planungsphase ging der Gemeindevorstand gemeinsam mit den hauptamtlichen Mitarbeitern in Klausur. Während dieser Zeit entwarfen wir einen Plan für die nächsten zwei Jahre, der unter anderem die Gründung zweier Tochtergemeinden und die Einstellung eines zusätzlichen Hauptamtlichen vorsah.

Die ganze Gemeinde gewinnen

Um auch die Gemeinde für diese Ziele zu gewinnen, wurden mehrere Grillparties für den Sommer geplant. Bei diesen Veranstaltungen, zu denen sich jeder sein Essen selbst mitbrachte, waren immer vierzig Personen auf einmal versammmelt. Die Treffen waren ein solcher Erfolg, daß wir ihrer fünf durchführen mußten!

Ich schloß daran eine Serie von Predigten und Bibelarbeiten an, die alle in der einen oder anderen Weise das Thema Gemeindegründung zum Thema hatten. Ich predigte über die Thessalonicher-Briefe, in denen es um die Ermutigung geht, die der Gemeindegründer Paulus einer jungen Gemeinde gibt.

Ein paar Monate, bevor ich begonnen hatte, über Gemeindegründung zu sprechen, hatte die Industrie- und Handelskammer eine Karte herausgegeben, auf der konzentrische Kreise eingezeichnet waren, in deren Mittelpunkt der Heimatort unserer Gemeinde lag. Dies veranlaßte mich zu der Frage, wieviele Menschen es in diesem Gebiet wohl gibt, die im Einzugsgebiet der Gemeinde (zwanzig Minuten Fahrzeit) leben und noch nichts von Christus wissen. Die Ergebnisse der Volkszählung waren gerade veröffentlicht worden, so daß ich herausfand, daß über 250.000 Menschen in diesem Einzugsgebiet Christus nicht kennen.

Wenn ich meine Bibel richtig verstehe, dachte ich, bedeutet das, daß all diese Menschen die Ewigkeit von Gott getrennt verbringen werden. Wenn wir auch nur 10 Prozent von ihnen erreichen wollen, werden das 25.000 Menschen sein. Das heißt über 12.500 Autos! Da würden wir beträchtliche Parkplatzprobleme in unserer Gemeinde bekommen.

Ich stellte fest, daß innerhalb eines Radius von 80 Kilometern über neun Millionen Menschen Christus nicht kannten. Diese neun Millionen repräsentieren über 100 verschiedene ethnische Gruppen und Sprachen.

Ich teilte diese Tatsachen und meine Überlegungen der Gemeinde mit und fragte sie: „Glaubt ihr, daß wir mehr Gemeinden brauchen?"

Der Prozeß der Zielaneignung setzte sich in der Gemeinde fort, indem im Rahmen des Gottesdienstes verschiedene Personen interviewt wurden, Artikel im Gemeindebrief erschienen, von der Kanzel für den Gedanken der Gemeindegründung geworben wurde und die gesamte Gemeinde schließlich im Herbst eine „Fiesta" veranstaltete. Anläßlich dieses Festes wurde der Gemeindesaal im spanischen Stil dekoriert und Spezialitäten aus der mexikanischen Küche serviert. Dieses Ereignis war der Startschuß zur Gründung einer neuen spanischen Gemeinde.

„Ja, da machen wir mit!"

Unsere Gemeindeleitung hatte den Leuten genügend Zeit gegeben, sich auf das Ziel einzulassen und zu sagen: „Ja, da machen wir mit!" Das Endergebnis war, daß nun auch die meisten derjenigen, die 18 Monate zuvor noch eine ablehnende Haltung eingenommen hatten, mit den Zielen der Gemeindeleitung übereinstimmten.

Nur drei Familien traten aus der Gemeinde aus. Sie hatten sich mit mir getroffen und mir gesagt, daß die Gemeinde sich ihrer Meinung nach nicht auf Evangelisation konzentrieren sollte, sondern darauf, die Qualität des Umgangs der Christen untereinander zu steigern. Ich empfahl sie an eine andere Gemeinde weiter, deren Schwerpunkt nicht das evangelistische Engagement ist. Die Familien traten in diese Gemeinde ein und wurden dort aktive Mitglieder.

Mittlerweile hat unsere Gemeinde weitere Aktionen gestartet, um ihr Ziel zu erreichen. Bis jetzt wurden neun der geplanten 300 neuen Gemeinden gegründet. Jede Gründung wäre eine Geschichte für sich.

Ihre Gedanken:

- Wenn Sie dieses Buch für sich durchgearbeitet haben, sollte es Ihr Ziel sein, daß nun möglichst viele weitere Leiter in Ihrer Gemeinde die Prinzipien anwenden. Welche Personen in Ihrer Gemeinde könnten Ihrer Meinung nach von einem solchen „Leiterschaftstraining" profitieren?

Kapitel 10:

Arbeitsblätter für Ihre Gemeinde

Die folgenden 13 Arbeitsblätter sind für den Gebrauch in Ihrer Gemeinde bestimmt. In der Regel werden Sie von jedem Arbeitsblatt mehrere Exemplare benötigen. Sie können die benötigte Stückzahl gerne aus dem Arbeitsbuch herauskopieren.

Arbeitsblatt 1:

Gabenprofil einer Gruppe

	1	2	3	4	5	6	7	8	9	10
Apostel										
Auslegung										
Barmherzigkeit										
Dämonenaustreibung										
Dienen										
Ehelosigkeit										
Erkenntnis										
Evangelisation										
Freiwillige Armut										
Gastfreundschaft										
Geben										
Gebet										
Glaube										
Handwerk										
Heilung										
Helfen										
Hirtendienst										
Künstlerische Kreativität										
Lehren										
Leidensbereitschaft										
Leitung										
Missionar										
Musik										
Organisation										
Prophetie										
Seelsorge										
Unterscheidung der Geister										
Weisheit										
Wundertaten										
Zungenreden										

aus: „Das Geheimnis der Gemeindeleitung" S. 133
(Erläuterungen auf Seite 34-35)

Arbeitsblatt 2:
Wochenplanung

	Mo	Di	Mi	Do	Fr	Sa	So
5.00							
6.00							
7.00							
8.00							
9.00							
10.00							
11.00							
12.00							
13.00							
14.00							
15.00							
16.00							
17.00							
18.00							
19.00							
20.00							
21.00							
22.00							

Anstehende Projekte	

aus: „Das Geheimnis der Gemeindeleitung" S. 135
(Erläuterungen auf Seite 47-48)

Arbeitsblatt 3:

Prioritäten

Von	Bis

Priorität	Erledigt bis	Ziele

aus: „Das Geheimnis der Gemeindeleitung" S. 137
(Erläuterungen auf Seite 59-60)

Arbeitsblatt 4:

Wasserfall-Diagramm

Monate **Ziele / Aufgaben**													

aus: „Das Geheimnis der Gemeindeleitung“ S. 139
(Erläuterungen auf Seite 61-64)

Arbeitsblatt 5:

Projekt-Planer

Projekt	Datum

Ziel (überprüfbar!)

Nr.	Aktionsplan	Wer?	Bis wann?

aus: „Das Geheimnis der Gemeindeleitung" S. 141
(Erläuterungen auf Seite 63-64)

Arbeitsblatt 6:

Gesprächs-Tagebuch

Name	Adresse	Telefon

Datum	Thema und Reaktion	Zu erledigen

aus: „Das Geheimnis der Gemeindeleitung" S. 143
(Erläuterungen auf Seite 68-70)

Arbeitsblatt 7:
Sitzungs-Checkliste

Ziel der Sitzung

Termin	**von Uhr**	**bis Uhr**	**Ort**

Teilnehmer	**Wann benachrichtigt?**

TOPs	**Info**	**Disk.**	**Ent.**	**Nr.**

TOPs für jeden Teilnehmer kopiert? ☐
Hilfsmittel (Flipchart, Overhead, etc.) notwendig? ☐
Erfrischungen besorgt? ☐

aus: „Das Geheimnis der Gemeindeleitung" S. 145
(Erläuterungen auf Seite 70-72)

Arbeitsblatt 8:

Ziele und Finanzplanung

Ziele				
Januar				
Februar				
März				
April				
Mai				
Juni				
Juli				
August				
September				
Oktober				
November				
Dezember				
Gesamt				

aus: „Das Geheimnis der Gemeindeleitung" S. 147
(Erläuterungen auf Seite 72-73)

Arbeitsblatt 9:

Gottesdienstbesuch und Spendenaufkommen

Gottesdienstbesuch				Spendenaufkommen			
Woche	**Besucher**	**Summe**	**Durchschnitt**	**Woche**	**Spenden**	**Summe**	**Durchschnitt**
1				1			
2				2			
3				3			
4				4			
5				5			
6				6			
7				7			
8				8			
9				9			
10				10			
11				11			
12				12			
13				13			
14				14			
15				15			
16				16			
17				17			
18				18			
19				19			
20				20			
21				21			
22				22			
23				23			
24				24			
25				25			
26				26			
27				27			
28				28			
29				29			
30				30			
31				31			
32				32			
33				33			
34				34			
35				35			
36				36			
37				37			
38				38			
39				39			
40				40			
41				41			
42				42			
43				43			
44				44			
45				45			
46				46			
47				47			
48				48			
49				49			
50				50			
51				51			
52				52			

aus: „Das Geheimnis der Gemeindeleitung" S. 149
(Erläuterungen auf Seite 76-78)

Arbeitsblatt 10:
Beurteilungsbogen

Name	Datum

Verantwortungsbereiche	Bewertung (1 = niedrig, 5 = hoch)

Stärken

Zufriedenheit mit der Aufgabe	1 (gering)	2	3	4	5 (hoch)

Effektivität	1 (gering)	2	3	4	5 (hoch)

Wachstumsbereich(e)

Aktionsplan

Bemerkungen

Supervisor	Mitarbeiter

aus: „Das Geheimnis der Gemeindeleitung“ S. 151
(Erläuterungen auf Seite 82-84)

Arbeitsblatt 11:
Delegations-Formular

Laufende Aktivitäten	**Muß ich es ausführen?** **Muß es überhaupt getan werden?** **Kann es jemand anderes machen?**

aus: „Das Geheimnis der Gemeindeleitung" S. 153
(Erläuterungen auf Seite 101-103)

Arbeitsblatt 12:
Aufgaben-Beschreibung

Aufgabe	Datum

Ziele

Teilaufgaben

Bezugspersonen	
Verantwortlich für:	
Verantwortlich gegenüber:	
Zusammenarbeit mit:	

Geistliche Gaben	Fähigkeiten/Interessen

Zeitlicher Aufwand	Dauer der Aufgabe

Schulungen

Bemerkungen

aus: „Das Geheimnis der Gemeindeleitung" S. 155
(Erläuterungen auf Seite 32, 103-104)

Arbeitsblatt 13:

Programmentwicklung

aus: „Das Geheimnis der Gemeindeleitung" S. 157
(Erläuterungen auf S. 116-117)

Die Reihe „Kirche für morgen"

Alle Arbeitsmaterialien, die in der Reihe „Kirche für morgen" erscheinen, basieren auf der gemeindekybernetischen Strategie, die vom Ökumenischen Gemeinde-Institut entwickelt wurde.

„Das Geheimnis der Gemeindeleitung" ist nur ein Baustein dieser Strategie. Untersuchungen haben gezeigt, daß lebendige, wachsende Gemeinden von insgesamt acht Basisprinzipien geprägt sind:

- Zielorientierter Pastor
- Gabenorientierte Mitarbeiterschaft
- Leidenschaftliche Spiritualität
- Zweckmäßige Strukturen
- Inspirierender Gottesdienst
- Ganzheitliche Kleingruppen
- Bedürfnisorientierte Evangelisation
- Hoher Liebesquotient

Das Ökumenische Gemeinde-Institut arbeitet daran, für jedes einzelne dieser acht Basisprinzipien aufeinander bezogene Arbeitsmaterialien zu entwickeln. Die gemeindekybernetische Strategie geht davon aus, daß das am schwächsten entwickelte Prinzip darüber entscheidet, ob eine Gemeinde wachsen wird oder nicht. Mit Hilfe des „Gemeindetests" (siehe Seite 160) können Sie ausfindig machen, wie stark jedes dieser Basisprinzipien in Ihrer Gemeinde entwickelt ist, und wo Sie mit dem Gemeindeaufbau ansetzen sollten.

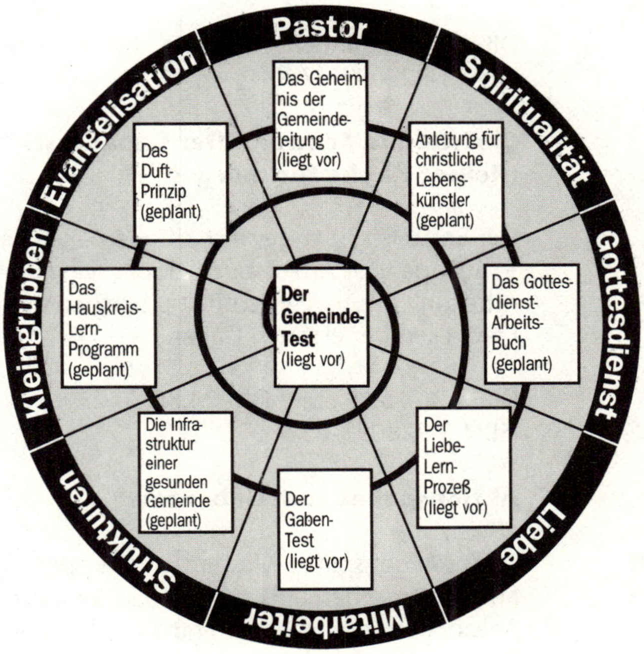

In der gemeindekybernetischen Strategie sind alle Arbeitsmaterialien aufeinander bezogen

Alle in der Reihe „Kirche für morgen" veröffentlichten Arbeitsmaterialien sind, auch wenn es der Titel nicht auf den ersten Blick zu erkennen gibt, bewußt auf den Gemeindeaufbau bezogen. Sie basieren auf umfangreichen Forschungen und wurden bereits vor der Veröffentlichung im Hamburger Gemeindelabor und zahlreichen Gemeinden getestet.

Herausgeber der Reihe: Christian A. Schwarz

Weitere kybernetische Arbeitsmaterialien

„Das Geheimnis der Gemeindeleitung" für Gruppen (Reihe „Kirche für morgen")

Das Leiterschaftstraining hat die größte Wirkung, wenn es nicht nur von einzelnen, sondern vom ganzen Leitungsteam der Gemeinde „absolviert" wird. Wenn Sie das Arbeitsbuch anderen Leitern Ihrer Gemeinde zugänglich machen wollen, können Sie eine Gruppenbestellung aufgeben, für die entsprechende Rabatte (Staffelpreise) gelten:

DIN A 4, 164 Seiten
ISBN 3-928093-23-1

Einzelpreis		**DM 29,80**
ab 5 Exemplare	**pro Stück**	**DM 27,80**
ab 10 Exemplare	**pro Stück**	**DM 24,80**

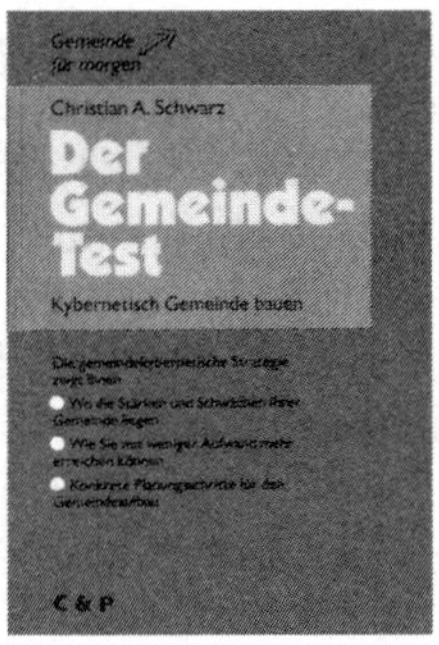

Christian A. Schwarz: Der Gemeindetest (Reihe „Kirche für morgen")

Das grundlegende Buch zur gemeindekybernetischen Strategie. Mit Hilfe des Gemeindetests können Sie herausfinden, wie stark jedes einzelne der acht Basisprinzipien wachsender Gemeinden (siehe Seite 159) in Ihrer Situation entwickelt ist. Das mit vielen graphischen Darstellungen illustrierte Arbeitsbuch verhilft zu einer auf die individuelle Situation der Gemeinde abgestimmten Gemeindeaufbau-Planung.

DIN A 4, Gebunden, 71 Seiten, incl. Fragebogenmaterial, DM 68,00
ISBN 3-928093-07-X

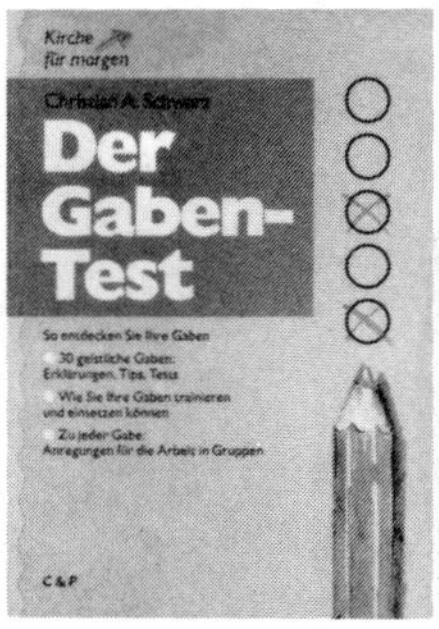

Christian A. Schwarz: Der Gabentest (Reihe „Kirche für morgen")

Der Bestseller über geistliche Gaben – jetzt in der völlig neu bearbeiteten 5. Auflage. Das Arbeitsbuch eignet sich zum Selbststudium und für die Arbeit in Gruppen. Es enthält u.a. einen ausführlichen Fragebogen zum Entdecken der eigenen Gaben.

DIN A 4, 157 Seiten, DM 24,80
ISBN 3-928093-02-9

Aktionspaket zum Gabentest

Dieses Aktionspaket hilft ganzen Gruppen und Gemeinden, ihre Gaben ausfindig zu machen und zur Ehre Gottes einzusetzen. Neben der gewünschten Anzahl der Arbeitsbücher enthält es kostenlos ein Leiterhandbuch, das dem Gruppenleiter praktische Vorschläge für die Gestaltung von einer, drei, sechs oder zwölf Einheiten zum Thema bietet. Mehr als 1.000 Gruppen haben bereits im ersten Jahr nach dem Erscheinen mit dem Material gearbeitet!

Staffelpreise:

ab 10 Arbeitsbücher	**pro Stück**	**DM 22,80**
ab 20 Arbeitsbücher	**pro Stück**	**DM 21,80**
ab 50 Arbeitsbücher	**pro Stück**	**DM 19,80**

Christian A. Schwarz: Der Liebe-Lern-Prozeß
(Reihe „Kirche für morgen")

Ein praktisches Übungsprogramm für einzelne Christen, christliche Gruppen und Gemeinden. Das Buch enthält u.a. einen Test zu den in Galater 5 genannten „Früchten des Geistes".

DIN A 4, 124 Seiten, DM 24,80
ISBN 3-928093-03-7

Aktionspaket zum Liebe-Lern-Prozeß

Auch dieses Aktionspaket enthält neben der gewünschten Zahl der Arbeitsbücher ein kostenloses Leiterhandbuch für die Gestaltung von einer, drei, sechs oder zwölf Einheiten zum Thema. Eine spannende Lernerfahrung für jede Gruppe!

Staffelpreise:

ab 10 Arbeitsbücher	**pro Stück**	**DM 22,80**
ab 20 Arbeitsbücher	**pro Stück**	**DM 21,80**
ab 50 Arbeitsbücher	**pro Stück**	**DM 19,80**

Zeitschrift
„Kirche für morgen"

In einer Welt der negativen Schlagzeilen fallen sie auf: Gruppen und Gemeinden, die etwas Positives auf die Beine stellen. Die unkonventionelle Wege gehen, im Glauben zu wachsen. Die kreative Formen entwickeln, das Evangelium bekannt zu machen.

Kein Wunder, daß solche Gruppen eine geradezu magnetische Anziehungskraft entwickeln!

Was Hoffnung macht: Es gibt sie durchaus nicht nur im Märchenland, sondern mitten unter uns. In Kaiserslautern etwa ... und in Bern ... und in Albershausen ... und in Neuburg an der Donau ... und in Berlin ... und an tausend anderen Orten in Deutschland, Österreich und der Schweiz. Alles keine „Idealgemeinden" – aber Gruppen, von denen wir eine Menge lernen können.

Ab Mai 1992 erscheint die Zeitschrift „Kirche für morgen" – mit einem neuen Konzept: Die „Kirche für morgen"-Redakteure reisen kreuz und quer durchs Land, um diese Gruppen aufzuspüren – mit ihnen zu reden – von ihnen zu lernen – und ihre Erfahrungen möglichst vielen Christen bekannt zu machen. So aufgearbeitet, daß Sie sie als „Bausteine" in Ihre Arbeit integrieren können.

Redaktionsleitung: Christian A. Schwarz und Kai S. Scheunemann.

Interesse? Mit der Anforderungskarte auf Seite 163 können Sie ein kostenloses Probeexemplar von „Kirche für morgen" beziehen. Wenn Sie innerhalb von 14 Tagen nach Erhalt nichts von sich hören lassen, bekommen Sie die Zeitschrift regelmäßig im Abonnement zugesandt (Erscheint 5 x jährlich, Jahresabo DM 29,80).

Angebote des Ökumenischen Gemeinde-Instituts

Das Ökumenische Gemeinde-Institut wird von Christen aus unterschiedlichen Kirchen und Gemeinden getragen und hat sich zum Ziel gesetzt, dem gesamten Leib Christi in den deutschsprachigen Ländern zu dienen. Es hat sich auf vier Arbeitsschwerpunkte konzentriert:

- Gemeindeaufbau-Forschung
- Materialentwicklung für die Gemeinden
- Schulungen und Seminare
- Förderung der Einheit der Christen (überkonfessioneller Ansatz)

Das Ökumenische Gemeinde-Institut ist als gemeinnütziger Verein anerkannt. Um neue Gemeindeaufbau-Projekte angehen zu können, ist es auf Ihre Unterstützung angewiesen:

Konten:	Hamburger Sparkasse	Nr. 1033-245869 (BLZ 200 505 50)
	Postgiro Hamburg	Nr. 292218-208 (BLZ 200 100 20)

Freundeskreis

Um die Arbeit des Ökumenischen Gemeinde-Instituts kontinuierlich zu unterstützen, hat sich der „Freundeskreis des Ökumenischen Gemeinde-Instituts" gebildet. Wenn Sie Interesse daran haben, können Sie kostenlose Informationen dazu anfordern.

Seminare

Zu jedem einzelnen der acht Basisprinzipien wachsender Gemeinden (siehe Seite 159) führt das Ökumenische Gemeinde-Institut auf Einladung Seminare in Gemeinden durch. Die Seminare sind speziell auf die Situation vor Ort zugeschnitten und dauern in der Regel von Freitagabend bis Samstagabend. Alle Seminare basieren auf der gemeindekybernetischen Strategie (siehe Seite 159). Themen und Arbeitsformen werden mit den Veranstaltern individuell abgestimmt.

Unsere Adresse:
Ökumenisches Gemeinde-Institut
Tatenberger Damm 71
W-2050 Hamburg 80
Tel. 040-7375837
FAX 040-7374360

Anforderungskarten

Trennen Sie die Postkarten entlang der Perforation heraus und teilen Sie uns darauf Ihre Wünsche mit. Die entsprechenden Materialien werden Ihnen – sofern lieferbar – umgehend zugesandt.

Gruppen-Rabatte zum Arbeitsbuch

Das in diesem Buch beschriebene Leiterschaftstraining hat die größte Wirkung, wenn es nicht nur von einzelnen, sondern vom ganzen Leitungsteam der Gemeinde „absolviert" wird. Wenn Sie das Arbeitsbuch anderen Leitern Ihrer Gemeinde zugänglich machen wollen, können Sie eine Gruppenbestellung aufgeben, für die entsprechende Rabatte (Staffelpreise) gelten:

Einzelpreis	**DM 29,80**
ab 5 Exemplare pro Stück	**DM 27,80**
ab 10 Exemplare pro Stück	**DM 24,80**

Für Sie als Geschenk: Das Gemeindewachstums-Spiel

Wenn Sie mit dem nebenstehenden Bestellschein ein Probeexemplar der neuen Zeitschrift „Kirche für morgen" ordern, erhalten Sie gleichzeitig kostenlos ein „Gemeindewachstums-Spiel", das es nicht im Handel gibt. Mit diesem speziell entwikkelten Brettspiel, bei dem jeder Spieler eine Gemeinde darstellt und eine Fülle von ernsten und heiteren Entscheidungen zu treffen hat, können die Gesetzmäßigkeiten des Gemeindeaufbaus spielerisch eingeübt werden. Sie können das Spiel selbstverständlich auch dann behalten, wenn Sie sich nicht zu einem Abonnement von „Kirche für morgen" entscheiden sollten.

Bestellkarte

Titel	Stück	Preis
Logan, Das Geheimnis der Gemeindeleitung (Staffelpreise siehe links)		
Schwarz, Der Gabentest (Staffelpreise siehe Seite 160)		
Schwarz, Der Liebe-Lern-Prozeß (Staffelpreise siehe Seite 161)		
Schwarz, Der Gemeindetest		
1 kostenloses Exemplar der Zeitschrift „Kirche für morgen" (erscheint ab Mai 1992 5mal im Jahr). Wenn ich innerhalb von 14 Tagen nach Erhalt nichts von mir hören lasse, bin ich damit einverstanden, daß Sie mir „Kirche für morgen" als Abo frei Haus schicken (Jahresabo DM 29,80)		

Preise incl. MwSt. und zzgl. Versandkosten

Bestellkarte

Titel	Stück	Preis
Logan, Das Geheimnis der Gemeindeleitung (Staffelpreise siehe links)		
Schwarz, Der Gabentest (Staffelpreise siehe Seite 160)		
Schwarz, Der Liebe-Lern-Prozeß (Staffelpreise siehe Seite 161)		
Schwarz, Der Gemeindetest		
1 kostenloses Exemplar der Zeitschrift „Kirche für morgen" (erscheint ab Mai 1992 5mal im Jahr). Wenn ich innerhalb von 14 Tagen nach Erhalt nichts von mir hören lasse, bin ich damit einverstanden, daß Sie mir „Kirche für morgen" als Abo frei Haus schicken (Jahresabo DM 29,80)		

Preise incl. MwSt. und zzgl. Versandkosten

Sollten hier die entsprechenden Postkarten bereits fehlen, schreiben Sie an:

C & P Verlag

C & P Verlags-GmbH
Diedersbüller Straße 6

D-25924 Emmelsbüll

Bitte mit 60 Pf freimachen, falls Marke zur Hand.

Antwortkarte

C & P Verlags-GmbH
Diedersbüller Straße 6

D-25924 Emmelsbüll

Absender:

Name

Vorname

Straße/Nr.

PLZ/Ort

Datum/Unterschrift

Tel.-Bestellung: 0611 - 811 09 34
Fax-Bestellung: 0611 - 811 09 28

Bitte mit 60 Pf freimachen, falls Marke zur Hand.

Antwortkarte

C & P Verlags-GmbH
Diedersbüller Straße 6

D-25924 Emmelsbüll

Absender:

Name

Vorname

Straße/Nr.

PLZ/Ort

Datum/Unterschrift

Tel.-Bestellung: 0611 - 811 09 34
Fax-Bestellung: 0611 - 811 09 28